いま、話したいこと

～東アジアの若者たちの歴史対話と交流～

室田元美

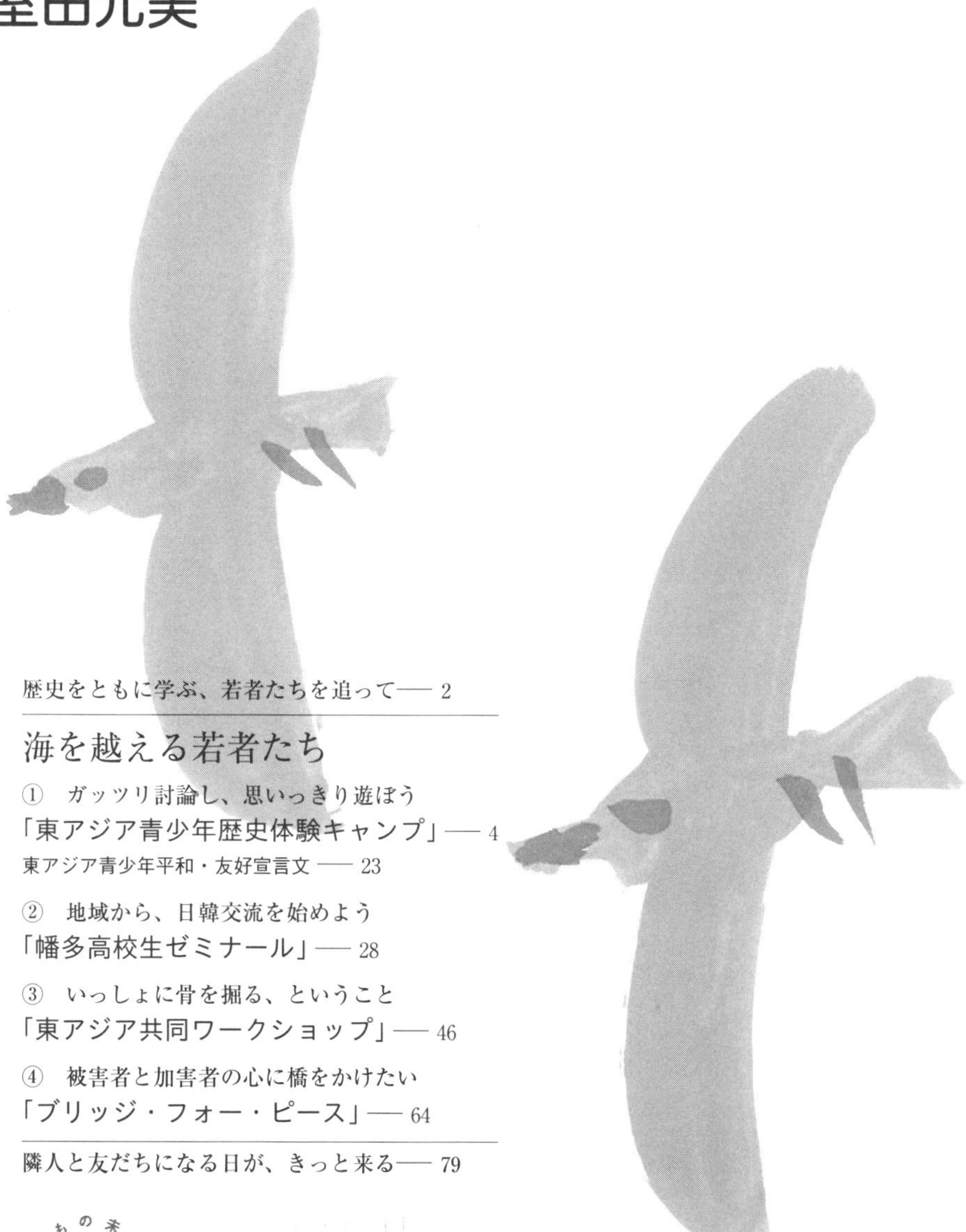

子どもの未来社ブックレット
No.003

歴史をともに学ぶ、若者たちを追って

２０１３年夏のソウル。サッカーの東アジアカップ日韓戦で日本人サポーターが掲げた旭日旗《きょくじつき》と、韓国の応援席に広げられた安重根《アンジュングン》の肖像画の横断幕に頭を激しく殴られたような気がした。スポーツの場に不似合いなだけでなく、時計を１００年前に巻き戻したような光景だったからだ。

悲しいと同時に、遅れてるぞと思った。戦後70年近く経つのに、東アジアに住むわれわれは、まだこんなことをやっている。歴史問題を解決できず、戦争を知らない世代にまで感情的なしこりを残している。

グローバル化が進み、修学旅行で韓国へ行く学校も少なくない。国内の大学や街でも、アジアの留学生を当たり前に見かける。私が学生だった30年前は、アジアは遠かった。いまのほうがお互いの理解も深まっていると思っていたが、歴史や領土の話となると隣の国を許せなくなるのは、なぜだろうか。

しかし、そのような中でも、若者たちが海を越えて出会い、タブー視されている歴史をいっしょに学び、考えようとしている試みが、いくつもなされていることを知った。彼らは会ってどんなことを話すのだろうか。「対話と交流」の場をこの目で見てみたいと思った。

　私は東アジアの研究者でもなく、旅好き、歴史好きのルポライターにすぎない。ただ、親世代がかろうじて戦争を知っているため、10年ほど前から戦争体験を私たちの次世代にきちんと伝え残したいと、取材を重ねてきた。戦争の被害者、加害者からも話を聞き、自分なりに全体像を少しでもつかもうとしてきた。

　日本で３００万人、アジア全体で千数百万人～２０００万人と言われる犠牲者を出した戦争を、なぜ始まる前に止められなかったのか。ずっと考えている。「いまの状況は、あの時代にとてもよく似ている」・・・当時を知る人びとがよく口にする言葉だ。

　どこで起きる戦争も忌《い》むべきものだが、とくに、自分たちの住むアジアを二度と戦場にしてはならない。非戦の責任はいまを生きる私たちにある・・・その強い思いが、このたび若者たちを追って本書をまとめる原動力となった。

ガッツリ討論し、思いっきり遊ぼう

「東アジア青少年歴史体験キャンプ」

日中韓を中心とした中学生、高校生が一堂に集まって毎夏、開かれる「東アジア青少年歴史体験キャンプ」。それぞれの開催国で戦争に関連した場所を訪れ、ともに学び、疑問をぶつけ合ってディスカッションする。観光やスポーツ、遊びのプログラムも用意されている。異なる歴史教育を受けた若者らが、どんな話をするのか2013年夏、京都で行われたキャンプに参加してみた。

「浮島丸殉難者追悼の碑」（舞鶴）の前で祈りを捧げる

日中韓の中高生たち120人が、京都に集まった！

酷暑の京都を舞台に行われた、「東アジア青少年歴史体験キャンプ」。京都へ行くと言うと、友人たちは「暑いのに、大変だね～」と半ば同情してくれたが、私はこのキャンプに大いなる関心を抱いていた。

内閣府の世論調査（2013年11月）では、中国に「親しみを感じない」と答えた人が80・7

%と、1978年以来、最悪の数字になった。日中国交正常化40周年にあたる2012年も、記念すべき節目だったにもかかわらず、祝賀イベントの中止が相次いだ。

同じ調査では、韓国に対しても「親しみを感じない」人が58・0%となった。中国、韓国の人々も、日本に対して同じような印象を持っているだろう。

そんな中でどんな交流が可能なのだろうか。

日韓の市民レベルの交流はめずらしくはないのだが、中国も加わって3つの国の市民が定期的に集まるケースはまだとても少ない。それだけに、10年以上続いているこのキャンプで、言葉も習慣も受けてきた歴史教育も異なる中高生たちがどんな話をするのか、一度参加して聞いてみたいと思っていたのだった。

仁和寺《にんなじ》の近くにある、宇多野《うたの》のユースホステルに8月7日、3ヵ国の中高生たち（各40人ずつ）約120人がリーダー、引率の先生たちに付き添われて到着した。同じような服装や顔だち。手にはスマートフォン。だれがどこの国の子なのか、さっぱり見分けがつかない。

中高生たちは、最初はお互いにそっけなかった。大人同士のように無理して近づこうともしなかった。初めて外国人と話をするという子がほとんどのようで、緊張もしていただろう。あとで聞いてわかったことだが、一般的な世論とおなじように、韓国や中国の生徒たちは「日本人はだれも歴史を反省していない」、日本の生徒たちは「中国人や韓国人は日本の悪いところばかり見て責める」とそれぞれ思い込んで、「警戒していた」という。

私のところへも中国人の女子高生がやってきて、流ちょうな英語でこう挑みかけた。「あなたはジャーナリスト？ 南京へ行ったことがありますか？」

「ええ、平頂山《へいちょうざん》（1932年、スパイをかくまったと疑われ、約三千人の中国人住民が日本兵に虐殺された村）にも行きましたよ」

と答えると、満足そうにうなずいて去っていった。

それにしても、遊びたい夏休みにわざわざキャンプを選んだのは、なぜだろう。

「友だちを作りたかったから」

「親や先生から聞いて面白そうだった」

「いろんな経験ができそうだから」

ある中国の男子高校生は、意気込んで言った。

「いま、ぼくたちの関係は最悪でしょ？ なんとかしなきゃと思って」

このキャンプは単なる国際交流ではない。歴史を学び合うキャンプだ。はたして考え方の違う若者たちの話は、噛《か》み合うのだろうか。また日中韓3ヵ国の集まりとはいえ、子どもたちの中には在日コリアン、親のどちらかがカナダ人であったり韓国人であったり、朝鮮族の中国人もいる。どんな歴史を共有することになるのだろうか。

キャンプの主役は、約120名の中高生。そして大学生、大学院生がスタッフを引き受ける。複数の言語を操る人が通訳を買って出る。付き添いの先生や大人は、口出ししないのが暗黙のルール。若者たちによって、主体的に運営される。中高生は7つのグループに分かれ、遊びも学習も討論も、グループ単位でおこなう。部屋も日中韓が固まらないよう混ぜこぜにするので、いき

京都観光で日中韓の若者たち、清水寺へ。迷子にならないよう、お揃いのブルーのＴシャツを着て

なり言葉もろくに通じないよその国の子と共同生活。けっこう厳しい！

日本の中高生のリーダーである、京都の高校生が開会のあいさつをした。

「みなさん、討論するときはガッツリやってください。そのかわり、遊ぶときはすべてを忘れて楽しみましょう」

「舞鶴」「大江山」で、教科書に出ていない歴史と出合う

キャンプの日程は、5泊6日。

今回、京都がキャンプ地に選ばれた理由はいくつかある。まず昔から大陸との結びつきが強く、中国や朝鮮からたくさんの文化を取り入れてきたこと。しかし、近代には軍都としての役割も大きく、1905年に設立された帝国陸軍の第16師団は、中国侵略《しんりゃく》の拠点となった。

同時に京都はアカデミズムの発信地でもあり、教育者や文化人などが戦争に反対し、言論の自由を求めて闘《たたか》った。治安維持法《ちあんいじほう》で捕《と》らえられたり、獄死した人もいた。根強い抵抗の精神は戦後も引き継がれ、人権や民主運動が盛んな一面がある。

毎回のキャンプの目玉になっているのが、歴史の舞台を訪ねる「フィールドワーク」だ。今回は観光バス3台を仕立てて、京都北部の舞鶴《まいづる》や大江山《おおえやま》まで足を伸ばした。

日本海とはいえ、舞鶴は湾になっており、波はこの日もおだやかだった。中国や韓国の学生たちにとって、おなじ海でもどこかめずらしいのだろうか。バスの窓から周囲の漁村の写真を撮っ

たりしていた。

１９４５年8月24日、舞鶴で「浮島丸《うきしままる》事件」が起きた。戦時中に青森の下北半島で働かされていた朝鮮人労働者たちを乗せた浮島丸が、8月22日に大湊《おおみなと》から彼らの祖国の釜山《プサン》へ向かう途中、舞鶴湾で船が機雷《きらい》にふれて轟沈《ごうちん》。３７３５人の乗員乗客のうち、朝鮮人乗客５２４名、日本人乗組員25名が亡くなった。朝鮮人労働者の多くは、日本の植民地支配によって土地や生活基盤を失ったり、また日本が行った徴用《ちょうよう》などの強制連行《きょうせいれんこう》によって連れて来られた人たちだった（＊1）。

周辺の漁村の人たちに助けられた人も少なくない。戦後、地元の人たちが中心となって、二度とこのような歴史を繰り返さないようにと「浮島丸殉難者追悼《じゅんなんしゃついとう》の碑」を建て、毎年8月24日には追悼の式典が行われている。

今回は日中韓の若者たちのために、炎天下で地元の人たちが小さな追悼式を用意してくれた。追悼碑の前で若者たちは国境や加害者、被害者という立場を越えてともに祈り、日本の中高生は前日に練習をした追悼歌「はまなすの花咲きそめて」を合唱した。日中韓の若者たちの代表者が進み出て、大きな折り鶴に平和のメッセージを書き込み、式の最後に船が沈んだ海に歩み寄って、ひとりずつ手にした花を浮かべた。

全員で記念撮影をしたあと、韓国の若者たちだけで集まって碑をバックに写真を撮りたいという。自分たちのおじいさん、おばあさん世代の人たちが亡くなった場所だ。彼らだけの思いがあるだろう。

午後からは、大江山へ。戦争中に中国・河南省《かなん》から強制連行されてきた農民や商人など２００

（＊1）強制連行・・・日本政府は戦争中、労働力不足を補うため、朝鮮人を日本国内外に連 行し働かせた。1939 年の「募集」に始まり「官斡旋（かんあっせん）」「徴用」と次第に強制力が増し、45 年までに 70 万人以上が日本の炭鉱やダム、軍需工場などで苛酷な労働を強いられ、多くの犠牲者を出した。軍人・軍属や 日本軍「慰安婦」の連行もあった。また中国人も約 4 万人が日本国内へ強制連行され、そのうち約 7 千人が亡くなったと言われている。

名が日本冶金《にっぽんやきん》のニッケル鉱山で働かされ、栄養失調などで12名が亡くなった。イギリス人など連合国の捕虜も苛酷な労働がもとで亡くなっている。大江山では朝鮮人労働者も大勢働かされていた。

ガイドの桐畑米蔵《きりはたよねぞう》さんの案内で、かつて中国人や朝鮮人労働者の宿舎があったあたりを教えてもらったり、石碑や、いまも残る煙突やニッケル採掘場などを見学した。

その夜、宿で若者たちはフィールドワークの感想を述べ合った。これが初めての本格的な討論だった。まずグループ内でひとり一人が意見を出し合い、それをまとめて全体討論で発表する。

中国、韓国の生徒たちは自分たちのおじいさん、ひいおじいさん世代が戦争中に日本に連れて来られ、ひどい目に遭わされた現場をたずねてどう感じただろうか。意外にも多くの生徒の口から出てきたのは「驚いた」という言葉だった。

「日本人はだれひとり、戦争でやったことを反省していないと思っていたけれど、そうじゃない人もいた」

「地元の人が追悼碑を建てて、いまも祈ってくれていたのは知らなかった」

「3カ国から集まったぼくらが、いっしょに献花をすることができて感動した」

日本の生徒からは「日本人がこんな歴史を知らないのはまずい」という反省や、「韓国や中国の子は怒るんじゃないかなと心配だったけど、いい印象を持ってくれてホッとした」という声もあった。

歴史問題がこじれる一番の理由には、「若者たちが受けてきた教育の違い」があると思う。

日本の高校生が用意した折り鶴には、３ヵ国語でメッセージが刻まれた

日本の学校では、近現代史の授業は駆け足で終わってしまう。そして日本人にとって戦争といえば、始まりは1941年の真珠湾攻撃で、東京大空襲や広島と長崎への原爆投下で大勢の人びとが亡くなり、ポツダム宣言を受諾《じゅだく》・・・受けた被害が中心だ。

それに比べ、中国では南京大虐殺《なんきんだいぎゃくさつ》や七三一部隊の生体実験だけではなく、日本軍の犯した一般住民に対しての多くの残虐な殺りくを学ぶ。韓国では日本によって植民地にされ、言葉や教育をうばわれ、働き盛りの男性が戦争や強制労働に駆り出されて大勢が亡くなったこと、女性たちが日本軍「慰安婦《いあんふ》」として戦地に送り込まれたことなどを習う。

戦争中に起きたことは、南京大虐殺や日本軍「慰安婦」だけではない。浮島丸事件も大江山であったことも、そのほかのことも。いまを生きる私たちは知らないことだらけだと思ったほうがいい。

学校で教えられない歴史から学ぶことが、じつは山ほどある。キャンプの最初に、若者たちも気づいたようだ。

3ヵ国の歴史教材研究から始まった、キャンプ

このキャンプのきっかけになったのは、2002年3月に南京で開かれた、歴史研究者や市民たちの集まり「第一回歴史認識と東アジアの平和フォーラム」だった。日本のアジア侵略の歴史を否定し、戦争を美化《びか》する「新しい歴史教科書をつくる会」ができたことに対して、日中韓3ヵ国の専門家たちの間で、正しい歴史認識を共有しようという動きが始まった。2005年5月には、日中韓が共同編集した歴史教材『未来をひらく歴史　東アジア3国の近現代史』(日中韓3国共通歴史教材委員会編集・高文研)を出版。

この教材は、大人も読む価値がある。書かれていた中国、韓国の歴史には私自身が知らないことが満載だった。作曲家、作家、政治家の中には読むことすらできない名前をいくつも発見した。アメリカやイギリス、フランスの文化人は知っているのに、隣の国について無知だった自らを省みる機会にもなった。

ヨーロッパでは、第二次世界大戦で近隣諸国に加害をおよぼしたドイツが、周辺国との関係修復に努めるため、苦労を重ねてポーランドやフランスとの間で歴史教科書の共同編集に取り組ん

できた。そこには並大抵《なみたいてい》ではない苦労があったそうだ。ホロコーストそのものを否定する人たちもいた。それでも当時の社会や世論が後押しし、研究者たちは辛抱《しんぼう》強く検証に取り組んだ。二国間で判断が異なるときは、何度も話し合った末、全体をそこなわないためにドイツ側が「酸《す》っぱいりんごをかじろうではないか」と譲ったこともあるという。（『忘却に抵抗するドイツ――歴史教育から「記憶の文化」へ』岡裕人《ひろと》著・大月書店より）

戦争を反省しなければ周辺国と向き合えなかったドイツに比べ、日本は島国だったことや、戦後、朝鮮半島や中国としばらく正式な国交が途絶えたせいもあるかもしれないが、経済的な支援という形で補償を肩代わりし、戦争をきっちり検証することをおこたった。

しかしそんな中で、共通の歴史認識を持つことは難しいと言われた日中韓の研究者たちは、ときに激しい論争をしながらも教材を完成させたのだった。

『未来をひらく歴史』の編纂《へんさん》にかかわった「子どもと教科書全国ネット21」事務局長の俵義文《たわらよしふみ》さんは、「せっかく研究者が顔を合わせるのだから、同時に若い人たちがいっしょに歴史交流できる場があればと思って、キャンプを始めた」と話す。

サッカーのワールドカップが日韓共催という画期的な形で行われた2002年、ソウルで第一回のキャンプが開催された。共同で日本と韓国のチームを応援し、ソウル郊外の、旧日本軍「慰安婦」にされた女性たちが暮らす「ナヌムの家」などを訪ねた。第二回は日本の京都・奈良や広島、2004年からは中国も参加して日中韓のキャンプとなった。

テーマによっては、若者たちの意見が大きく食い違うこともあるという。たとえば2012年、中国の大連《だいれん》で行われたキャンプで、1909年に初代韓国統監《とうかん》だった伊藤博文を暗殺した安重根《アンジュングン》の足跡をたどったときには、「彼は英雄だ！」と讃《たた》える韓国の生徒と、「いくら正義の抵抗でも、ひとの命を奪うのには賛成できない」と主張する日本の生徒の間で激しいやりとりがあったと聞いた。

「国」を背負わずに、話し合おう

キャンプでは、若者たちはひとつ一つの体験を共有して学んだり、大学の先生の講演を聞いた後で、そのことについてみんなで話し合う。とにかくディスカッションの時間がたっぷりあるのが特長だ。日本の学校ではこういった意見交換の場は少ない。日本の生徒たち、大丈夫か？　と最初は心配したが、その必要はなかった。

テーマは、歴史問題にとどまらない。今回はホスト国である日本の若者たちが、いま自分たちが抱えていることをみんなで考えてみようと提案した。

米軍基地の問題。沖縄に基地が集中し、米軍機墜落事故や米兵による女性レイプ事件も後を絶たないと訴えた日本人の若者に対して、

「韓国にも米軍基地があるから、沖縄の人の気持ちはよくわかる」（韓国人高校生）

「危険なオスプレイを飛ばしたり、暴力事件やレイプが起きるたびに、沖縄だけに基地を押しつけるのはよくないなと思う」（日本人高校生）

通訳をまじえてグループ討論。「ぼくの話、わかるかな？」

日韓の学生がおなじような危機感、問題意識を持っているようだった。それに対して、中国の若者たちはアジアになぜ米軍基地があるのか、ピンとこないようすで「世界一強い国が守ってくれるからいいと思う。米軍がいれば軍事費だって節約できるのでは？」という意見も。「そんな簡単な話じゃないし、米軍のためにたくさん予算も使ってるんだよ、と反論したかったけど・・・知識が足りなくてできなかった」。日本の高校生は残念そうに言った。

すべての生徒たちに衝撃を与えたのが、参加者のひとりが受けた民族差別の話だった。日本人の父、韓国人の母を持つ女子中学生は入学式の朝、自宅マンションの玄関ドアいっぱいに貼られた、「死ね」「学校に来るな」などの貼り紙を見て、恐怖で凍りついてしまったことを話した。「事件のあと、つらくて学校を休んだこともありました。でも私は何も悪いことをしていない。

こんな差別は許せない。負けないようにしようと懸命に学校に通い、スポーツや音楽のリーダーもしています。半分は韓国人として韓国のよいところ、半分は日本人として日本人のよいところを持ちたい。ふたつの国の間の架け橋になりたい」ときっぱり語った彼女には、大きな拍手が湧き起こった。

「そんな民族差別が日本にあることを知らなかったのが、恥ずかしい」(日本人中学生)

「日本人は韓国の人たちに昔はひどいことをしたのに、いまも続いているなんて信じられない。堂々としている彼女は勇気があると思う」(中国人高校生)

「ぼくも近所に住む黒人の子を、友だちとからかったことがある。どれだけつらかっただろう。話を聞いてはっとした」(韓国人高校生)

キャンプの最初のうちは「中国では・・・と言われています」「日本では・・・なんです」というふうに、自国の政府やメディアの言うことをそのまま代弁するような中高生も多かった。しかし討論を重ねるうちに、国を背負うもの言いは減り、しだいに自分で考え抜いた言葉や、導き出した考えが出てくるようになった。

「なんのために、歴史を勉強するの?」

この問いは、何度かキャンプの中で話題になった。あ、面白いテーマだな、と感じた。

「学校の授業は試験のための暗記ばっかり。歴史の授業はつまらない」と話した日本の高校生に、

「そう、そう」と韓国、中国の生徒も同意した。このキャンプに参加しているからには、みんな歴史に興味があるのだと思っていた。けれども「歴史は好きじゃない」「タイクツ」という生徒が少なくなかったのだ。

「年号や事件を覚えても、それは知識のつめこみにしかならない。どうすれば戦争や事件が防げたのかということを考えるような授業だったらいいのに」と、なかなか建設的な意見をのべる学生もいた。

近現代史に関しては、日本による侵略戦争や植民地支配について詳しく習う中国や韓国の生徒たちと、駆け足で通り過ぎ「あとは各自で勉強してください」とすっ飛ばされてしまう日本の生徒たちの間には、かなり認識の開きもあるが、一方的に教えられる歴史教育という点では、どこの国でも変わりがないようだ。

私自身を振り返っても、歴史は好きな課目ではあったけれど、受験のためのものだった。日常生活において重要なものになるだろうという認識も予測もなかった。高校の修学旅行で被爆地の長崎をたずねたときも、クラス写真を撮って自由に見学しただけで、あとで話し合うこともなかった。このキャンプのようにフィールドワークで地元の人たちといっしょに追悼式をしたり、戦争の責任について何時間も話し合うことは、ふだんの学校生活ではまずないだろう。

「いままでの一方的に教えられるだけの歴史とは違う」という実感があったのだろうか。彼らはほんとうに長時間、ディスカッションを続ける。しかも、夜遅くまで遊んでいるのに、だれも居眠りをしていない（笑）。

プログラムの最後に行われた東京大学教授、小森陽一さんの講演などは、東アジアとアメリカの関係、安全保障の問題など大人でもむずかしい内容だったが、講演の後には会場のあちこちから3ヵ国の生徒たちが手を挙げ、質問攻めにした。

どんな学問もそうだと思うけれど、教えられるだけでは興味も湧いてこない。「自分たちがいまやっていることも、あすには歴史の一部になる」という実感が得られたら、すすんでそこに参加したくなるだろう。そして過去の戦争から失敗を学び、将来に生かすことは、今後の戦争を防ぐもっとも有効な手立てになるのではないだろうか。

リーダーは大学生、大学院生

あくまでも中高生が主役のキャンプだが、スタッフリーダーとして活躍する大学生、大学院生ら「縁の下の力持ち」の存在は欠かせない。

彼らもまた中学生、高校生のときにキャンプに参加し、いまは運営側として、ディスカッションやグループ討論の司会進行をしたり、遊びの企画を立てたりする。中高生たちにとっては頼れるお兄ちゃん、お姉ちゃんのような存在だ。

キャンプの準備を率先してやっていた大学生の秋山道子さんは、中学生のときキャンプに参加したが、最初は英語も話せず友だちとのコミュニケーションすらままならなかった。その後もキャンプに通い、英語を勉強してアメリカに留学、今後はオーストラリアで国際交流の仕事をしたいと夢を語る。

「世界に飛び出したいと思ったのも、キャンプがきっかけ。日本にいると人と違うのはよくないこと、と考えてしまいがちだけど、人は違うから面白いし、違いをみとめるからいい関係が始まると思っているんです。歴史問題だけでなく、人権やいろんなことを学んで相互理解を深めることも大事。行く先々でこういう小さなつながりをたくさん作っていくことが世界を平和にすることになるんじゃないかな」

アジアに留学する学生も増えているようだ。日本の高校を卒業後、韓国の大学に入学し、そこから中国の大学へも留学している櫻井すみれさんは、戦争責任について話してくれた。

「韓国や中国で暮らしていると、日本がしたことを考えて常に申し訳ない気持ちになります。同時にこれから先、私も当事者（被害者および加害者）になるかもしれないという不安も抱いています。侵略の事実を知れば知るほど、被害を受けた方の気持ちが晴れるなら何度でも謝《あやま》りたいけれど、私がそうしても何も解決しないのではないか。だったらせめて知ろうとすること、学び続けることが私にとっての責任の取り方なのかな、と思いますね」

今回、スタッフ代表になった日本人大学生の佐藤卓哉さんは、高校時代に部活以外の経験もしたいとキャンプに参加、今回はボランティアスタッフを買って出た。

「先入観のない若い時期に、出会う機会はとても大事だと思うんです。話す時間はたっぷりあるようで、まだまだ話し足りない。ぼく自身も、日本は戦争のときにひどいことをしたけれど、戦後は平和憲法を守って戦争をしてこなかったことを、日本の中高生はもっと誇りにしていいと思うんだけど、そんな話にまで広がらなかったのは個人的にちょっと残念。でも、今年できなかった話はまた来年すればいい」

京都の大学院で政治経済を学んでいる韓国人の申東洙《シンドンス》さんは、韓国の若者ももっと本当のことを学ぶべきだという。

「韓国の学校は近代史の授業には力を入れているけれど、日本人は悪いという感情が先に立って、史実をみんなが正しく理解しているとは言えない。むしろメディアの大げさなバッシングやネットのいい加減な情報を鵜呑《うの》みにして、チラチラ浮いている上澄みだけをすくってしまう。日中韓どこの若者もそんな傾向にある。このキャンプのような場は、誤解を解くためにすごく重要ですよね」

南京の大学に通う銭宇飛《センウヒ》さんは、日本で育ったため日中間の通訳としても活躍した。

「ぼく自身、高校時代からこのキャンプに参加してすごく成長したと思うし、若いうちはやわらかい心と心がぶつかっても、ちゃんと笑顔になれるのがいいですよね。子どもたちの笑顔が見たいから、こうやって参加している。日本育ちの中国人ですから、自分の経験を生かせる場でもあるんです」

彼らは、初めて顔を合わせた日中韓の中高生たちが何かにつまずいたとき、さりげなく手をさしのべ、ときにはジョークでモチベーションを高める。毎晩遅くまでミーティングを開き、「明日の移動のときには、どうやって１２０人の子どもたちを市バスに分乗させようか」と頭を悩ませながら話し合うのも、彼ら若いスタッフたちなのだ。

オープンカフェで恋愛ミュージカルを熱演する、中国の子どもたち

遊び、観光、オープンカフェ！

もちろん、中高生たちは討論や話し合いばかりをするのではない。キャンプのプログラムにはスポーツやアートの交流もあり、また清水寺、嵐山などの京都観光も組み込まれていた。フライパンで焼かれるような猛暑の中、グループごとに自由に見学する。

清水の舞台では京都の景色に見とれたり、われ先にと写真を撮っていたものの、やはりお寺や文化財は二の次、三の次。参道でお店に入ってお土産を買ったり、アイスクリームを食べたりするほうが目が輝くのは、どこの国の子もおなじだ。

「オープンカフェ」といって、国ごとの出し物が披露される夜もあった。中国の中高生たちが韓流顔負けの恋愛ミュージカルを演じ、日本の生徒はジブリの歌を熱唱。また、どの国にもダンサーやパフォーマー、バイオリン奏者や、民族舞踊の踊り手など才能ゆたかな若者たちがいて、驚きや歓声があがり、大いに盛り上がった。それぞれの個が輝く時間だった。

子どもたちは縁あってその国に生まれたのだろうが、賞賛の拍手は、ひとり一人が個として生きるよろこびに対して送られているように思えた。

習字、折り紙、きものの着付け体験など日本の伝統文化にも、中国、韓国の子どもたちが参加して楽しんでいた。

はめをはずして夜おそくまで騒ぎ、ユースホステルの施設長さんから叱られた子や、最近の子どもの傾向か、中にはお菓子ばかり食べて食事のお皿にほとんど手をつけず、食堂の人たちをがっかりさせた子もいて、キャンプに参加した生徒たちが「先生からほめられる優等生」というわけではないことがよくわかった。遊びたい盛りの、やんちゃな中高生たちがちょっと首を振り向けて歴史を学ぼうというのだ。それがいいんだな。

5泊6日のキャンプの仕上げには、日中韓の中高生たちの代表が知恵を出し合って考え出した「東アジア青少年平和・友好宣言文」（左ページに掲載）が発表された。夜おそくまで和室に集まり、ああでもない、こうでもない、それはみんなの総意と言えるだろうか？　など、こちらもまた、熱い議論から生まれた。たんなる理想ではなく、キャンプでの経験を生かして自分たちにできることをうたいあげたものだ。この数日間の子どもたちの成長ぶりに正直、驚いたのだった。

東アジア青少年平和・友好宣言文

今の東アジアの現状は、経済的視点で見ればお互い非常に密接な関係にあり、これからの経済発展においても欠かすことのできない大切なパートナーである。
また最近では東アジアで様々な形によるポップミュージックや漫画、アニメなどの文化交流も活発になってきており、ますます東アジアの関係改善が期待されている。

しかし、その一方で領土問題などの政治的問題や過去の歴史認識問題が東アジアの友好関係を築く上での障害となっていることも事実であり、それらの問題を解決することは、東アジアの青少年の共通の課題であり願いでもある。
こうした現状の中で、私たちが置かれている環境は、東アジアの関係改善を考える上で良い環境とは言い難い。

なぜなら、私たちの周りには大量の情報がひしめき合い、その中には誤った情報や偏った情報も存在しているからだ。私たちの思考力や判断力には限界がある。そういった情報をすぐに受け入れ信じてしまう危険性がある。
それだけでなく、歴史を学ぶ目的も「入試や試験のため」といったように本来の学びの環境は決して整っているとは言えない。

このキャンプで、そういった状況に置かれた私たちは、お互いの国の青少年たちと一緒に交流し学んで、今までの先入観や価値観をもう一度見直す機会となった。このキャンプで私たちは、より広い視野で物事を見られるようになったことを確信し、将来私たちがお互いの連帯を強め東アジアの未来の平和をつくる架け橋となることを決意して、東アジアの平和と友好のために、以下のことを世界に呼びかける。

【行動指針】

(1) 平和な東アジアを築くために、このキャンプのようにお互いが意見を交換し、相手の価値観や文化を尊重することのできる機会を増やし、交流の輪を広げていく。
(2) 自ら積極的かつ理性的に、事実に基づいて歴史を見つめていく。
(3) 歴史をともに学び、歴史に対する理解を深め、このキャンプでの学びを様々な形で社会に発信していく。
(4) これらの実現には様々な困難が予想されるが、我々青少年の結束を強化し、我々自身の力で東アジアの平和の実現に向けての問題を解決し、真の平和の実現に向けて努力し続けることを誓う。

2013年8月11日　第12回東アジア青少年歴史体験キャンプ参加者一同

キャンプのことを、国に帰ってみんなに話したい

以下は、中高生たちの感想である。

「交流をとおして先入観を捨てることができた。政府やメディアの言うことに振り回されないように、自分で調べ、考える。自分の価値観を育てたい」（韓国人男子高校生）

「私はまだ子どもで何もできないけど、考え方をチェンジして平和という軸を自分の中に持つことが大事だと思った。友人や周りの人にキャンプのことを話そうと思う」（中国人女子高校生）

「ふだん、人と違うことはよくないと思い込まされている。違うことは悪いこと、という見方が他国への批判や攻撃につながっている。そうじゃない、人は違うから面白い。違いを認め合うことから平和は始まると思う」（日本人男子高校生）

「東アジアといったら北朝鮮も入るよね。今回はできなかったけど、どう思っているかみんなと話したかった」（韓国人男子高校生）

「韓国の子は、よく歌う。中国の子は、よく発言する。自分もいつもより積極的になれた」（日本人女子高校生）

「できれば実際に会って、話すのが一番。いろんな考えの人がいることがわかるから」（中国人女子高校生）

「ここにいる（120人の）子が、自分の周りの人に話す。10人に伝えたら1、200人に伝わるよ」（日本人女子高校生）

「東アジアの平和は必ず実現する、と手応えを感じた」（韓国人男子高校生）
そして、一番多かった感想は、「話す時間が足りない！ もっと話したかった」だった。

最後にひとつ、私が「これこそが和解の哲学ではないか」と感じた、ある日本人女子高校生の話を紹介したい。

「浮島丸の追悼碑に行った日の夜、おなじ部屋の韓国の子が『地元の人があんなことをしてくれていたなんて、知らなかった。ありがとう』と言ってくれて、すごくうれしかった。でも、私はそんなことぐらいじゃ全然足りない、と思ってるんだけど」

加害者、被害者と線を引いて対立し合うのではなく、相手が求めている以上のものを返したい、という誠意や温かな気持ちがあふれるとき、ほんとうの友情が生まれるのだろう。自国のこと＝国益ばかり考えている政治家たちにも、ぜひ聞かせたかった言葉だ。

手探りで始まった、5泊6日のキャンプ。お別れの朝、バスに乗る前にメールアドレスを交換したり、いっしょに写真に収まったり、ひそかに好きな人ができたらしい女の子も。離れがたい思いで抱き合って泣く中高生の輪がいくつもできて、バスはなかなか出発できない。

「再見！」「アンニョン！」「また会おうね」

この光景こそが、明日への希望だ。

キャンプを作り、育ててきた俵さんは、こんなことを話してくれた。

「歴史に向き合うとき、これは主に日本の若者たちに言いたいのですが、『加害』『被害』『加担』『抵抗』の4つを学んでほしい。戦後の日本の歴史教育は被害が中心だったけれど、東アジアの人たちに対する加害責任からは目を背《そむ》けられない。そして戦争を仕掛けた政治家や戦地で直接の加害行為をした者ではなくても、知らないうちに戦争に加担し支えてきたのが国民だった。また一方で数は少ないけれど侵略戦争に抵抗した人もいることを知って、子どもたちはほっとする。おじいさん世代の戦争責任を、記憶の継承という形で認めて受け継ぎ、卑屈《ひくつ》にならずに東アジアの人たちと将来を創っていくことが大事ではないでしょうか」

今後は台湾にも「東アジア青少年歴史体験キャンプ」への参加を呼びかけ、将来的には北朝鮮のピョンヤンで開催するのが目標だという。

Seeing is Believing（見ることは信じること）。日中韓の若者たちの旅行バッグには、信じられる友達や未来がたくさん詰まったことだろう。

大江山ニッケル鉱山の煙突（実際は３本）をバックに

東アジア青少年歴史体験キャンプ

http://www.ne.jp/asahi/kyokasho/net21/top_f.htm

連絡先

子どもと教科書全国ネット 21

〒102-0072 東京都千代田区飯田橋 2-6-1-201

TEL: 03・3265・7606

資料、書籍、映像など

『未来をひらく歴史　東アジア３国の近現代史』（日中韓３国共通歴史教材委員会編集、高文研）／『新しい東アジアの近現代史（上・下）国際関係の変動で読む未来をひらく歴史』（日中韓３国共通歴史教材委員会編集、日本評論社）／『東アジアの歴史認識と平和をつくる力　東アジア平和共同体をめざして』（「歴史認識と東アジアの平和」フォーラム・東京会議編、日本評論社）

地域から、日韓交流を始めよう

「幡多《はた》高校生ゼミナール」

高知県西部には、「幡多高校生ゼミナール」という地域に根ざした学びの場がある。テーマは「足もとから平和と青春を見つめよう」。2003年から毎年、韓国・釜山《プサン》の高校生たちと歴史を学び合う「共生の旅」を続けている。ホームステイで生活や文化を体験しながら、生きた歴史にふれ合っている。

日本の高校生たち、釜山へ

日本でも指折りの清流として知られる、高知県の四万十川《しまんとがわ》。その流域の幡多地区にある「幡多高校生ゼミナール」（以下、幡多ゼミ）のことを知ったのは、7年ほど前のことだ。

幡多ゼミは1983年に、地元の高校教師らが発足させた。顧問の山下正寿《まさとし》さんは教壇に立つ

韓国の陝山で、亡くなった被爆者たちに千羽鶴を供える

かたわら、太平洋・ビキニ環礁《かんしょう》で被ばくしたマグロ漁船を追って28年も調査を続けており、在野の研究者ともジャーナリストともいえる存在や実績が注目され、数かずの賞を受けている。

緑豊かな幡多の地を初めてたずねたとき、山下さんはもう教師を定年退職しておられたが、見た目はなんとなく、おっかない先生だな～という印象。「僕は、生徒らが気づかない長所を見つけてその気にさせるから、生徒から『ダマシタ』と呼ばれる」と聞いて、ホッとしたのだった。

高知は自由民権運動発祥《はっしょう》の地としても知られ、リベラルで剛胆《ごうたん》な気質を持った人が活躍している。山下さんもそのひとりで、「学校では学ぶ機会のない地域のことを、みんなで学ぶ場を作りたい」と考えていた。現在は、幡多地区にある県立高校8校（うち分校2校を含む）が参加している。

そんな山下さん率いる幡多ゼミは、毎年、韓国の高校生たちと交流を続けている。一年ごとに幡多と釜山を往き来する「共生の旅」である。

2012年8月5日、幡多ゼミの高校生たちは船に乗って、釜山に向かった。

この年のテーマは、「核について」。幡多ゼミだけでなく、静岡、福島からも高校生たち（一部、専門学校生、大学生）が参加した。

3・11東日本大震災の原発事故で、大気、水、土壌などあらゆる汚染に悩まされている福島の人びと。この先、食の安全や健康はどうなるのか、子どもを抱える親たちをはじめ住民の不安はつきることがない。また、静岡は1954年にアメリカがビキニ環礁で行った水爆実験で、無線長の久保山愛吉《くぼやまあいきち》さんが亡くなった第五福竜丸《ふくりゅうまる》の本拠地である。ビキニ環礁で被ばくしたマグロ漁船を追っている幡多ゼミとも交流がある。そのようにさまざまな形で核にかかわる人たちが、韓国へ行って核のことを学ぶ。いったい何を？　にわかに興味が湧いて、私は山下さんに同行させてほしいと頼み込んだ。

船で釜山港に到着した幡多ゼミの生徒たちを、先に飛行機で到着していた福島、静岡、そして釜山の高校生たちが出迎え、フェリーターミナルで全員が顔を合わせた。初対面の子どもたちはやや緊張し、二度目、三度目の子どもたちは知った顔を見つけて喜んだという。

残念ながら、この大事な顔合わせの場面に私は立ち会っていない。空港のロビーにパスポートや財布の入ったバッグを置き忘れたことに気づき、韓国の先生に付き添ってもらってさがしに戻っていたからである。取材者でありながら、なんという失態！　ともあれ、ここから3泊4日の「共生の旅」が始まった。

広島で被爆した、ハルモニたちをたずねる

翌8月6日、日韓の高校生たちはバスに乗って約1時間半、釜山の北西部にある山あいの町、陜川《ハプチョン》に向かった。

バスで隣り合わせた幡多ゼミの男子は、「初めての韓国なんです」と言って道路を走る韓国車を飽《あ》きもせず眺めていた。「韓国の高校生と歴史を勉強してみたい。知りたいこともたくさんあるけど、クルマとかケータイにも興味があるから」

キョウチクトウの花が咲き乱れる道の向こうに、「原爆被害者福祉会館」が見えてきた。

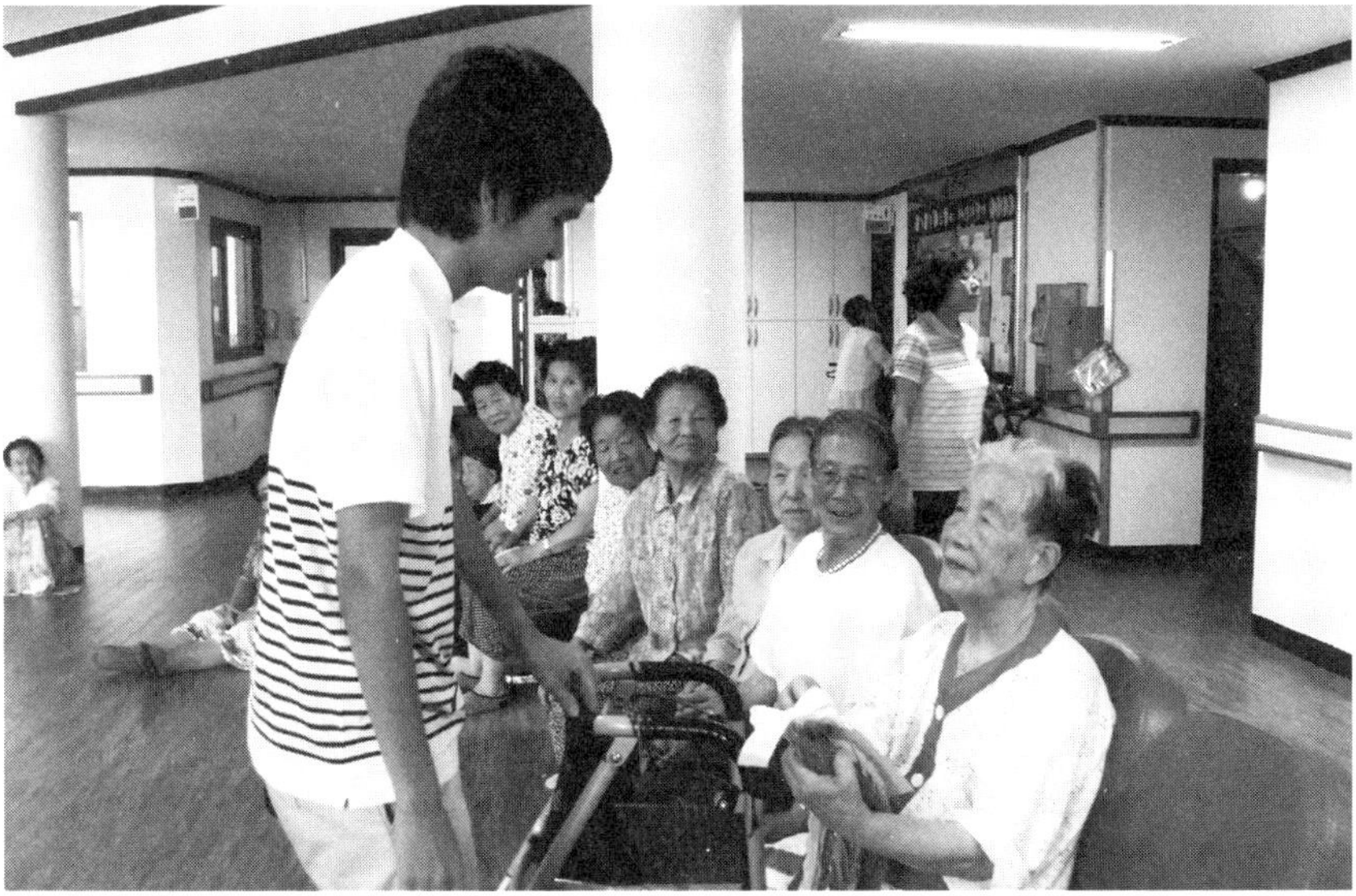

日本の高校生に話しかける在韓被爆者のハルモニ。孫世代に向けられる眼は優しい

陜川は「韓国のヒロシマ」と呼ばれるほど、在韓被爆者が集住しているところだ。険しい山に囲まれて農地が少なく、日照りなどの害に悩まされてきた陜川の人たちは、戦争中には植民地にされていた日本によって米や綿花を供出させられたこともあり、生活苦から逃れるために海を渡り、広島へ住んでいた同胞《どうほう》を頼った。徴用《ちょうよう》など強制連行《きょうせいれんこう》で日本に連れて来られた人もいた。

そして、８月６日の朝。アメリカが広島に落とした原爆はたくさんの朝鮮人をも焼き殺した。亡くなった人の数は、韓国原爆被害者協会の調べで約３万人と言われている。そのうちの約３分の１がここ陜川の出身だそうだ。

原爆被害者福祉会館には、現在１００人余りの在韓被爆者が暮らしている。会館の裏手は庭園になっていて、大きな池と亡くなった人たちを祀《まつ》る慰霊堂《いれいどう》がある。夏空のもと、五色の布がはためき、韓国での原爆犠牲者追悼祭が始まった。

日韓の高校生たちも慰霊堂にお参りし、手を合わせた。幡多ゼミの高校生が進み出て、みんなで心をこめて折った千羽鶴をお堂に供えた。おごそかで荘厳《そうごん》な広島の式典と比べると、普段着の人たちも参加し昼食に冷麺がふるまわれるこの小さな追悼祭は、日本でいうと地蔵盆のようにつつましく心のこもったものだった。

高校生たちは被爆したハルモニ（おばあさん）たちから、原爆の話を聞かせてもらった。91歳になる金壬先《キムイムセン》さんは、子どもの頃に広島の尋常《じんじょう》小学校を卒業したあと、ずっと家の手伝いをして大人になった。原爆にあったのは23歳のとき。つぶれた家から這《は》い出して助かったが、両親ときょうだい4人はなくなって、自分だけが生き残ったことを、語尾にときどき広島のアクセントが入った達者な日本語で話してくれた。「母は真っ黒こげだったの。父も弟を捜しに行って、ふたりともすぐに亡くなった。ひとりぼっちになってね。葬式を出すこともできず、そのあとのことは、みじめで話すこともできない」そう言ってハルモニはうつむいた。高校生たちは、息を詰めるようにして聞いていていた。

たった1時間ほどのハルモニたちとの交流ではあったが、ハルモニたちは孫のような高校生たちを眺め、目を細めてうれしそうだった。握手をしながら「あんたたち、いくつ？」「18です」「大きいのね。昔の日本人はもっと小さかった」。韓国と日本の若者が、いっしょにたずねて来たことをとても喜んでいた。

被爆二世の韓正淳《ハンジョンスン》さんは、原爆後遺症の遺伝について話してくれた。脳性マヒの息子を持つ母親として、原爆を一日も忘れたことがないという。二世の女性たちは出産しても流産が続いたり、不安で結婚や出産を避けた人もいるそうだ。しかし彼女たちの症状は、原爆との因果関係があるとは見なされない。

「いまでも海の向こうで、こんなに被爆の苦しみを抱えている人がいるなんて」

日本の高校生たちは衝撃を受けたようだった。韓国に来なければ、在韓被爆者の存在を知ることもなかったかもしれない。そこには日本の植民地政策と原爆という、二重の苦しみを背負ってきた韓国の人たちの姿があった。

原爆と原発は同じ核から作られる。戦争でも原発事故でも、核の被害は長年にわたって健康をむしばみ、幸せをうばってしまう。福島の原発事故でも多くの人びとが直面している不安なのだ。日韓の高校生たちが、いまを生きる者ができることをいっしょに考え、歴史から学んで過《あやま》ちを繰り返さないようにする。それが歴史を共有する意義ではないだろうか。

「おばあちゃんの水キムチ、最高！」

日本の高校生たちは、韓国の家庭にホームステイさせてもらう。翌朝、集まると「ゆうべはレストランで食事して、家族みんなで海辺を散歩してアイスクリームを食べたよ」「おばあちゃんが漬ける水キムチが最高。持って帰りたい！」。興奮して話す子どもたちもいれば、「朝ごはんが足りなかった・・・」と、さえない表情の子も。

一日をともにすると、若い世代はすぐ仲良くなる。最初は気心の知れた友達どうしで集まっていたが、顔見知りになるといっしょに写真におさまったり、片言の英語で気持ちを伝えようとする。韓国の高校では第二外国語で日本語を選択している生徒も多いそうで、日常会話レベルなら大丈夫、という子が何人かいた。これには日本の高校生たちも驚いたようだった。

翌日は、「釜山民主公園」「古里《コリ》原発」の二手に分かれて見学。私は韓国で最初に建設された古里原発（1978年稼働）の見学に加わった。2012年8月現在、韓国では23基の原発が動いているという。老朽化も重なってたびたび故障を起こしており、私たちが訪ねたときは再稼働したばかりだった。

近代的な資料館で「日本から見学に来た」というと、案内の係員の説明にも熱がこもるようだった。古里原発は福島第一原発と比べて建屋《たてや》の壁が十分に厚く、構造も福島の沸騰水型原子炉と違って、加圧水型原子炉だから安全なのだと、さかんにアピールした。

「せっかくここまで来たのだから、住んでいる人たちの話を聞いてみよう」。山下さんの提案で、通りすがりの漁村に電撃インタビュー。山下さんがふだんどんなふうに取材をしているのか知りたくて、私も後をついていった。古里原発から数百メートルしか離れていない漁村で漁師さんらを見かけ、山下さんは生徒たちを通訳とともに「取材」に向かわせる。「原発の近くに住んでいて、どうですか」と生徒たち。

漁師さんは気軽に応じてくれた。

「心配してもしょうがないと思うけど、福島のことを考えるとやっぱり不安だよ。古里原発はもう古いしね。放射能だけじゃない。海藻が原発のじゃまになるからって薬品を使ったりするらしいけど、それも魚にとってよくないんじゃないかと思って」

線量など計ったことがない、という。

山下さんと福島の高校の先生が、カバンから線量計を取り出し、実際に測ってみると0・14ミリシーベルトほどを指している。そう高いわけではないが、資料館で見た「周辺地域の線量」は、0・01ミリシーベルトだったはず・・・。漁師さんたちも身を乗り出してきた。

「原発を作るとき、住民の反対はなかったんですか」と、静岡の大学生が質問した。

「なんにも知らされてなかったからな。故障とか事故の話なんかしないし」

最初は、仕方ないと言っていた漁師さんたちも、「政府はいつでも、自分たちに都合の悪いことは言いたがらない。せめて正確な数値を住民に発表してほしい」と少し口調が変わってきた。あとから聞いたのだが、山下さんは地元の人たちがいつでも正しい情報を得られるよう、線量計を釜山の先生に手渡したそうだ。

韓国に脱原発の運動がないわけではない。環境団体などが中心となって古里原発の再稼働反対を呼びかけているそうだ。道路ぎわに掲げられた横断幕には、「再稼働するなら住民を皆殺ししてからにしろ」と民族性の違いだろうか、日本人がたじろぐようなスローガンも。古里原発の近くには釜山、蔚山《ウルサン》などの大都市もある。大きな事故が起きれば、海を越えて日本にまで放射能が降り注ぐだろう。ふたつの国を隔てるこの海沿いに、互いの原発がずらっと並んでいる。各被害のリスクは、もはや自分たちの国だけが負うものではないことは、ここに立てばよくわかる。領土問題でもめているような場合ではないと思うのだ。

韓国とのつながりを育ててきた、「幡多ゼミ」の活動

幡多ゼミは、30年間にわたる長い活動の中で、高校生たち自らが地域に飛び込んでいろいろな研究をしてきた。「共生の旅」も企画・準備・運営の多くが高校生自身によってなされているという。

冒頭のビキニ環礁の被ばく調査をはじめ、戦時中の沖の島の強制疎開《そかい》、宿毛《すくも》湾特攻基地など、地元で語り継がれることなく消え去ろうとしていた話にも光をあてた。

四万十川の支流をさかのぼった「津賀《つが》ダム」で、たくさんの朝鮮人労働者が働かされていたことも知った。「なぜ自分たちの地域にたくさんの朝鮮人労働者がいたのだろう?」。高校生たちは地元のお年寄りの家をたずね、話を聞いてみることにした。

そして日韓の歴史を勉強し、戦場へ駆り出された日本の若者の代わりに朝鮮人の若者が労働力として強制的に連れてこられたことや、日本の植民地政策によって農地などを失い、働きに来ていた朝鮮人労働者やその家族が、幡多地区にも大勢いたことを知った。工事の途中で、事故などで亡くなった人たちもいた。地元のおじいさんやおばあさんの口から、厳しい仕事に耐えかねて脱走しようとした朝鮮人を棕櫚《しゅろ》の皮で編んだムチで殴っていた、という悲惨な話や、一方で子どもの頃、朝鮮人の友だちが学校にいて、いっしょに遊んだ・・・そんなほのぼのとした思い出も聞いた。

ビキニ水爆実験で被ばくした第八順光丸の乗組員から話を聞く。1985年、宿毛市沖の島にて

1992年には、在日朝鮮人の友人もできた。「NHK青年メッセージ」を観ていた幡多ゼミの高校生が、神戸朝鮮高級学校に通う女子生徒のスピーチに感銘を受けたのだ。

「私たちは日本人と仲良くしたいのに、差別がある。いっしょにいまを生きている日本の若者と話してみたい。一度、お会いしませんか」とTVで語りかける女子生徒に、「ぜひ会って話しましょう」と手紙を出して、幡多地域に神戸朝鮮高級学校の生徒たちを招き、また神戸にも行って朝鮮高級学校生徒の家庭で枕を並べて眠った。それがきっかけになったのだろうか。幡多ゼミの高校生たちは地域の外にも目を向けるようになった。

翌93年の夏には、韓国へ。日本軍「慰安婦」にされたと最初に名乗りをあげた金学順《キムハクスン》さんの話を聞いた。

韓国で解放50周年の光復節《こうふくせつ》記念式典が行われ

た95年夏には、この式典に幡多ゼミが招待された。三・一独立運動の舞台になったソウルのパゴダ（タプコル）公園で、高校生たちは「自分たちが歴史を知るために韓国に来たことを伝えたい」とハングルで書いたチラシを韓国の人たちに配った。生徒たち自身が決めた、勇気の要る試みだった。このような訪韓が、後に釜山の高校生との「共生の旅」へとつながる。

幡多で開催する年には、津賀ダムや柏島《かしわじま》などを訪れて、強制連行で亡くなった朝鮮人の慰霊をしたり、地域の歴史を学ぶ以外にも、四万十川に沿ってドライブしたり、柏島で魚釣りやクリアカヌーを漕いで遊んだり、足摺岬《あしずりみさき》沖を海上ツーリングするなど都会にはない、おおらかな自然も満喫しているそうだ。

話してみた。韓国の徴兵制度のこと、日本の原発事故のこと

最後の夜は、全員で合宿をする。夕食にサムゲタンをたらふく食べたあと、釜山の丘の上にある、夜景のきれいな宿舎へ向かった。

夜の自由時間には、全員がお菓子や飲み物、スイカなどを持ち込んで車座になり、修学旅行の気分である。何が始まるのだろう、と興味津々で見ていると、「では、私が司会と通訳をやります！」と、韓国の女子学生がきれいな日本語で切り出し、みんなに自己紹介をうながした。

韓国の子はおしなべて積極的で、私たち大人に対しても、朝、洗面所で顔を合わせると、眠れましたか？などと話しかけてくることが多い。荷物を持ってくれた男子生徒もいた。体もおなじ

年齢の日本人よりも大きく、しっかりしているように見える。

スイカを手に、日韓の若者たちはお互いを知ろうといろんな質問をする。「女のコはみんなダイエットするの？」「お酒は何歳から飲める？」「韓国の男子高校生は70％が彼女いるって聞いたけど、ほんとう？」

静岡から来た男子大学生が、自分の街の話を始めた。

「ぼくが住んでいる近くには、浜岡原発という原子力発電所があって、大きな地震や津波が来ると大変なことになると言われている。静岡はお茶の産地で、ぼくも将来、栽培をするつもりでいま勉強しているところなんだ」

韓国の女子たちが、すぐに反応する。「なんでお茶を専攻していて、原発なの？」「日本のお茶、飲みたい。できたら送って！」（一同爆笑）

静岡の大学生はていねいに説明を始めた。お茶は放射能を吸収しやすく、福島原発の事故後も静岡のお茶から放射能が検出されたこと。もし今後、浜岡原発で事故などが起きると、命や生活が脅かされ、代々続いたお茶農園も続けられなくなること。

「原発のことを、もっとみんなに知ってもらいたいとデモにも参加したことがあるんだよ。だけどおじいさん、おばあさんばっかりで、若い子は関心がない・・・」

古里原発で地元の漁師さんに「反対運動はしなかったんですか」と聞いた、彼である。どうすれば人びとに関心を持ってもらえるかを、いつも考えているのだろう。

また韓国の子たちが「ウッソー、なんで若者がいないの？　友達どうしで話はしないの」

「そんな話をすると、日本では引かれちゃうんだよ」

「おじいさん、おばあさんばっかりのデモなんて想像できない。韓国ではデモは若者がやるものだから。日本みたいに原発の大事故があったら、まず若者が絶対参加すると思う」

「ぼくたちが韓国で問題だと思うのは、兵役だよ」と話すのは、2年後に入隊する男子高校生。

「将来が決まる20代の2年間は、30代の10年間に相当するぐらい大事な時期でしょ。学校の勉強も中断されるし、ぼくは行きたくないよ。男だから国を守らなきゃ、と周囲から言われると、よけいに愛国心は湧かなくなる。ぼくの周りには愛国心にあふれて早く軍隊へ行きたい、っていうやつもいるけど、自由のない徴兵というシステムはよくないね」

「人を殺すために軍隊に入ること自体、疑問を感じないの?」と日本の高校生たち。

「それは日本人だから言えることだよ」と彼は反論する。「韓国の高校生はやっぱり、まだ南北の戦争が終わっていないと思ってる。北朝鮮との間に何かあったら、翌朝、学校で『ニュース、観た?』って友だちの間で緊張が走る。そう簡単に戦争は起こらないと思うけど、分けられたままの国だから」

いっしょにスイカを食べている友達が、やがて軍隊へ入る・・・南北朝鮮がいまだ戦争の終わりを告げる平和協定が結べず、休戦状態にある中で、おなじ民族と戦いたくないと悩んでいる。

韓国の若者が置かれている立場に、日本の子らは初めて気づいたかもしれない。おなじように、自分の将来を脅《おびや》かす原発を心配している日本の若者がいることも、韓国の子らは知ったのではないだろうか。

福島から参加した、ふたりの女子高校生は東日本大震災と原発事故のことをみんなに話した。「地震ってどんな感じなの？」「怖かった？」とたずねる韓国の高校生。津波で海辺の街が大きな被害を受けたことはみんな知っており、そのときの衝撃を思い起こしたようだった。「家がなくなった人はどうするの？」「お金はもらえるの？」「ふたりはいま、どんな生活を送っているの？」

ふたりが通っている福島市の高校の友人たちも放射能を気にはしているが、しだいに口に出さないようになってきたという。韓国の学生たちは、疑問をストレートにぶつけてくる。

「逃げなくてもいいの？」

「お金がかかるし、それぞれ家族の事情もあるから」

「体がおかしくなった人はいない？」

「中学生で、鼻血がよく出るようになった子がいるとか、耳のないうさぎが生まれた、とか。うわさなんだけどね」

「放射能はずっとそのままなの？」

「除染といって、取り除こうとしているんだけど、きりがないみたい」

韓国、日本、どちらの若者たちもなんと声をかけていいかわからなかったのだろう。口を閉ざしてしまった。たとえ大人だって、こんなときに自信を持って何かを断言できるだろうか。この先、福島がどうなるのか、学者でさえ意見が分かれる。共有する言葉を持ち得ないまま、だれもがそこから先に踏み込めなくて、話はフェードアウトしてしまった。

その後、若者たちは、みんなで外へ出て行き、涼しい夜風に吹かれて朝方までいろんな話をしていたという。

韓国の生徒からも

「家でテレビを観ていると、福島って怖いなというイメージしかなかった。そこに住んでいる人の悩みや声を聞いて、わかったことがいろいろある。韓国にも原発はあるし、自分たちの問題でもある」

「兵役はこの国では当たり前だと思っていたんだけど、なんで人殺しの訓練するの?と聞かれると何も考えていなかったから答えられなかった。違う文化を持っているからこそ交流する意味があると思う」

「日本の子はおとなしいけど、聞くとちゃんと自分の意見を持ってる」

福島から参加したふたりの高校生は、後日、こんなことを報告集に書いていた。

「原発事故のことを話そうかな、どうしようかなと迷ったんです。もし韓国でだれも興味がなかったら、と心配だった。だけど、原子力はとても便利な一方で、私たちの命をあっという間に消し去ってしまう危うさも持っていることを知ってほしかった。いろんなことをたずねてくれたので、ほっとしました」

「福島では気になってもなかなか周りの人に話せないから。参加してよかった」

「近くて遠い国だった韓国が、近くて近い国になった」

いっしょに過ごした旅の日々は、どんな記憶となってそれぞれの心に刻まれていくだろうか。

今後、原発や徴兵のニュースを見聞きしたときに、彼らはここで得た経験から、自分なりの考えを持つことができるのではないかと思う。

「人間的共感」を高めてほしい

幡多ゼミの高校生たちが、これまで「共生の旅」から得たものは多い。

「学校で習わない日韓の歴史を勉強するでしょ。韓国の友達に会うと戦争中に日本がしたことを思い出して、こっちが構えちゃうこともあるんですよね。だけど向こうも私たちの気持ちを察して、友達として自然に入ってきてくれるから、気まずくならないですむ」

「今回は福島や静岡の人も来てくれたから、さらにつながりが広がってよかった。原発のことは日本の学校でも教えてくれないから」

こういった機会に恵まれて、幡多ゼミを卒業していった子どもたちは、地域で福祉関係の仕事に就職したり、最近ではアジアやヨーロッパへ、平和・環境をテーマに旅をして回る青年もいるそうだ。幡多ゼミで蒔《ま》いた種が、大人になって花開く。勉強も部活も学生の本分だろうけれど、韓国の高校生との交流は、またひと味ちがった得がたいものだろう。

「土佐の人間は、威勢はいいが、長続きしない」

と幡多ゼミの先生たちは自嘲《じちょう》ぎみに言うのだが、ビキニ環礁のマグロ漁船の被ばく調査も、津賀ダムの慰霊も、そして共生の旅も20年、30年と続いている。そこからまた、枝葉のように新しいつながりがのびていっている。「幡多ゼミのような地域ゼミをつくりたい」という先生たちの声を、私もいろんな地域で聞いてきた。今回、参加した福島の先生もさっそく地域の高校生サークルを立ち上げたそうである。

体を壊すくらいまで調査にのめりこみ、しかも「お酒好き」の山下さんを、いまは大人になったかつてのゼミ生たちが「先生、無理しちゃダメですよ」とたしなめ、見張る役目になっている。ふだんは笑わない山下さんの目が、教え子たちに叱られるとほどける。

続けることの大切さを、ビキニ環礁のマグロ漁船を追った映画「~放射能を浴びた~X年後」(伊東英朗監督、南海放送制作、２０１２)の中で話している。「こんなにしんどい思いをして、社会は変わるでしょうか?」と聞かれた山下さんの答えだ。

「急に変わるとは思うとりはせん。『赤い子』よ。カニの赤い子がちょっとずつセメントを破って穴を開ける。それが堰《せき》を切ることがある。そんな気持ちよ」

ゆくゆくは、幡多と釜山の高校生のつながりを、日韓の全土の高校生にも広めていきたい、と山下さん。未来をになう日韓の高校生たちには、こんなことを託している。

「何があっても『殺し合えない友達』を作ってほしい。ふたつの国の似て非なるものを知り、『人間的共感』を高めてほしい。そして旅を通じて『自分を見る鏡』を持ち、アジアの視点で自分の住む日本を見つめてほしい。高校生の交流は貴重な一歩。ずっと継続してほしいのです」

東アジアの関係もいつかよくなると信じて、「共生の旅」は続く。隣の国を「近くて、近い国!」と思えるような若者がもっと増えることを、願いつつ。

幡多で 2007 年に開かれた日韓交流シンポジウム。左端が山下正寿さん

幡多高校生ゼミナール

http://hatazemimori.web.fc2.com/

連絡先

幡多地域文化ゼミナール館

〒 788-0785 高知県宿毛市山奈町芳奈 2779-2

TEL: 0880・66・1763

資料、書籍、映像など

『ビキニの海は忘れない』（幡多高校生ゼミナール／高知県ビキニ水爆実験被災調査団編、平和文化）／『もうひとつのビキニ事件』（高知県ビキニ水爆実験被災調査団編、平和文化）／『海光るとき』（高知高校生ゼミナール編、民衆社）／『核の海の証言　ビキニ事件は終わらない』（山下正寿著、新日本出版社）

DVD「ビキニの海は忘れない」（森康行監督、幡多高校生ゼミナール企画、1990）／ DVD「渡り川」（森康行監督、幡多高校生ゼミナール企画、1994）／ DVD「わしも死の海におった」（南海放送制作、2010）

いっしょに骨を掘る、ということ

「東アジア共同ワークショップ」

日本人、韓国人、在日コリアンなどの若者たちが集まり北海道の原野に眠る、戦時強制労働者の遺骨を発掘し故郷へ返す活動を、16年にわたって続けている。これまでのべ2000人以上が参加し、国や民族を超えて、過去から未来へとつながるさまざまな物語を生み出してきた。

土をふるいにかけ、ていねいに骨片をさがす

祖父たちを返そう。故郷の土へ

日韓関係が、ますます冷え込んでいくきざしの2013年8月。飛行機で北海道の旭川に向かった。

北海道では、1997年から日本人、韓国人、在日コリアン、ときに欧米の若者たちも混じって、戦争中に強制労働で亡くなった人たちの遺骨を発掘し、ともに学び、語り合うワークショップが続けられている。

この間、日韓関係が悪くなっても、北朝鮮がテポドンを飛ばした、核実験をしたと日本で大騒ぎになっても、このワークショップが行われなかったことはない。「むしろ、政治がうまくいっていないときほど、ぼくたちは会わなきゃいけない」と、大勢の若者たちが海を越えてくる。

若者たちが国や民族を超えて力を合わせ、遺骨を発掘するのは戦争の和解へ向かう意義のあることのように思えて、私も２００６年に初参加し、いっしょにスコップを握った。死者に出会うという深刻な場でもあり、若者たちには再会を喜びあう場でもあった。12年、13年にも参加したのは、領土や歴史問題で東アジアが重苦しいムードに包まれているいま、彼らは会ってどんな話をしているのだろうか、聞いてみたかったからだ。

２０１３年の発掘は、墓地の脇のとても狭い坂道に、亡くなった朝鮮人が埋められていたのを見た、というこの地に住む日本人の証言にもとづいて始まった。江卸《えおろし》発電所、東川遊水池の工事に動員された朝鮮人労働者の犠牲者だが、よそ者だからか朝鮮人だったからか、村の墓地に埋葬することは許されなかったと聞く。

これまで見つかった遺骨は、タコ部屋労働などの日本人だったこともあったが、たいていは朝鮮の人たちだ。アジア・太平洋戦争のさなかの１９３９年に始まった「朝鮮人内地移送計画」（いわゆる強制連行《きょうせいれんこう》）により、北海道にも10万人以上ともいわれる朝鮮人がダムや飛行場の工事、炭鉱などで働かされた。極寒の地での苛酷な扱いの中、病気やけが、栄養失調などで亡くなったと思われる。

ときには遺骨が何体も見つかることもあった。間に合わせで掘った穴に3体が折り重なって埋められ、頸椎《けいつい》が折れていたこともあった。埋葬とはとても呼べず、ただ投げ込んだとしか思えない酷《ひど》い扱いに、掘り起こした人たちも言葉がなかったという。

今回もワークショップには、多彩な顔ぶれが集まった。沖縄のガマで戦死者の遺骨発掘をしている具志堅隆松《ぐしけんたかまつ》さんの講演や、韓国でも著名な歌手、鄭泰春《チョンテチュン》・朴恩玉《パクウノク》夫妻によるコンサート、また講話のために来日した明盡和尚《ミョンジンおしょう》が発掘に加わるなど、数かずのエピソードを残したのだった。

北海道に集まった若者たち

そもそも、なぜ若者たちは北海道の遺骨発掘に集まるようになったのか。

１９７６年、深川市にある浄土真宗「一乗寺《いちじょうじ》」の住職で、当時31歳だった殿平善彦《とのひらよしひこ》さんが、友人たちと道北の山中にある朱鞠内《しゅまりない》のダム湖に遊びに来ていたときのこと。湖近くの廃寺「光顕寺《こうけんじ》」に、日本人に混じって朝鮮人の名が書かれた古い位牌《いはい》がたくさん残されたままになっているのを知った。亡くなった時期が戦争中だったことから、調べてみると朝鮮半島から強制的に連行されるなどで雨竜《うりゅう》ダムの建設や名雨《めいう》線の鉄道工事で働かされ、犠牲になった人たちや、タコ部屋労働の日本人たちのものだとわかった。

「おなじように多くの人がまだ故郷に帰れないまま、北海道に残されているのではないか」と思った殿平さんは、地元の人たちに呼びかけ、調査を始めた。

すると、朱鞠内に遺骨が埋まっているという証言がいくつも得られた。１９８０年から発掘が

2012年夏、芦別での遺骨発掘。3日間でのべ300人ほどが参加した

始まり、5回の発掘で16体の遺骨が発見された。しかし発掘には多くの人の協力を要する。それ以上、続けることができないでいたという。

そんな殿平さんのもとを1989年に訪れたのが、韓国の文化人類学者、鄭炳浩《チョンビョンホ》さんだった。お酒を酌《く》み交わして意気投合するうちに、ふたりは考える。友情をふたりの間で終わらせるのはもったいない。そこで「中断されていた遺骨発掘を、民族を超えた若者たちの手でやってもらえないか」と考えたのだ。

8年後の1997年、鄭炳浩さんは韓国の漢陽《ハニャン》大学の学生ら約30名の若者を引き連れて、北海道にやってきた。迎えたのは殿平さんの息子で大学生だった真さんやその仲間、在日コリアンの若者たち。総勢200名を超える参加者が集まった。これが「東アジア共同ワークショップ」の始まりで、それから夏と冬の年2回、16年にわたって続いている。

犠牲者が埋められている、という証言にもとづいて調査が行われ、地元の人たちの力を借りて発掘準備が始まる。１００人以上の参加者の食事は、仏教婦人会や地域のお母さんたちが快く引き受けてくれる。

このようにして朱鞠内の笹やぶで、オホーツク海に面した浅茅野《あさじの》で、芦別《あしべつ》や東川でも発掘が行われた。

遺骨は仏式、朝鮮式の祭祀《チェサ》、そして北海道の先住民であるアイヌの人びとの祈り「イチャルパ」によって丁寧に供養《くよう》される。キリスト教の牧師さんが祈りを捧げることもある。

いまや乾《かわ》いた骨となって土の中から現れる人にも、親がつけてくれた名前があり、野山を駆け回った子ども時代の思い出もあっただろう。友人や好きな人もいただろう。当時20代、30代であれば、いまここで掘っている若者たちとおなじような年頃かもしれない。

「遺骨はものじゃない。人だよ。生きていた証なんだよ」

殿平さんが、発掘のときにいつも言う言葉である。

「人は他者に温かく見守られてこそ死を迎えることができる。死ぬことのできない人びとを戦争はたくさん作ってきました。海外で亡くなりそのまま残されている兵隊もおなじです」

ワークショップの最終の目的は、その人たちを故郷の土に返すことだ。

発掘した遺骨や、北海道のお寺であずかっている戦時犠牲者の遺骨を、身元を調べて遺族を探し出し、自分たちの手で国内や韓国へ届ける・・・気の遠くなるようなことを、殿平さん親子や北海道の在日コリアンの人たちが中心となって行っている。

発掘が終わったあとは、その場で先住民アイヌの人たちによる「イチャルパ」（先祖供養の儀式）が行われる

遺族の涙に迎えられることもあるが、努力が報われないこともある。韓国で日本の加害をなじられたり、日本では縁の切れた父親の遺骨引き取りを、息子が拒否したこともあったという。それでもひとりでも多く故郷に返したいと続けている。

２０１３年に公開された、ワークショップの歩みをたどるドキュメンタリー映画「笹の墓標」には、70年近く前に船で海を渡った人が骨になって白布に包まれ、殿平さんらに抱かれて韓国の近代的な空港に降り立つシーンがある。生きて祖国の繁栄を見ることができなかったその人の無念に、いっそう悲しみをそそられた。

遺骨の発掘に、もっとも強い感情を持っているのは在日コリアンの人たちだろう。

「在日一世の足跡をたずねて、北九州を旅したことがあったんです。日本で強制労働させられた人たちが『生きているうちに帰りたい、骨になっても帰りたい』と望んでいたと知って、このワークショップが始まったとき、私にもできることがある、行きたいと思った」

「発掘しているときに、在日一世の祖母の手がふっと浮かんできて涙がにじみました。働きすぎて、指紋もない手でした」

と、いろんな話を聞かせてくれた。

みんなでワークショップの後、感想を述べ合ったときのこと、

「私の祖母のふたりの兄は、日本の軍人になって戦争で亡くなりました。朝鮮人なので補償も受けられず、遺骨も見つかっていないんです。ここで発掘しながら、こんなふうにいまもどこかに埋まっているのかなと、ふたりのことを思いました」

と、在日三世の女性が話し終えると、次に感想を話す予定だった日本人の女子大学生がワッと泣き出した。年齢も違わない友人の言葉が、あまりに衝撃だったようだ。

言い争い、摩擦を乗り越えて

初回から大学生として参加し、15年にわたってワークショップの共同代表を務めていた韓国人の金英丸《キムヨンファン》さんは、ユーモアたっぷりで涙もろく、だれもが心を許してしまう憎めない人柄なのだが、「最初は日本人にいい印象を持っていなかった」という。ワークショップで日本人や在日の仲間たちに会い、少しずつ印象が変わった。２０００年の冬に朱鞠内で光顕寺の雪下ろしをしたとき、屋根から落ちた雪で大けがをした。入院費のカンパをしてくれた日本人もいた。入院中に日本語を覚え、その後、高知県の平和資料館「草の家」の事務局長を務めながら、日本の子どもたちに「韓国ってこんな国だよ」と伝えてきた。現在はソウルで日本語の通訳や翻訳をしている。「過去といまはつながっている。ワークショップで戦争の犠牲者と向き合い、日本に住んでいる在日コリアンの人たちと出会って、過去とのつながりを実感しました。その先にぼくたちは、これまでの歴史とは違う、よりよい未来を創り出すことができると思う」

２００６年に私が参加したとき、金英丸さんら元学生は30代になっていて、みんな姓ではなく名前で呼び合うほど仲よくなっていた。

２０１２年に会ったときには、新しいリーダーたちが誕生しつつあった。古くからいたメンバーの何人かは結婚して子どももいた。家族ぐるみで、子ども連れで参加して、子ども同士が発掘現場や宿舎で遊んでいる姿は微笑ましく、また世代から世代に引き継がれるたしかな結びつきが感じられた。

ワークショップがきっかけで、在日コリアンや日本人の若者が韓国へ、韓国人の若者が日本へ、それぞれ留学したり、軽々と海を渡って往き来するようになった。愛が芽生えてゴールインしたカップルもある。

もちろん、最初から彼らの交流がうまくいっていたわけではない。16年前に初めて会ったとき、日韓の学生の一部が大げんかをしたという。韓国の学生が「日本人は口ではいいことを言うけれど、ウラオモテがあるから、確認したかった」と言って、アンケートを作ってきたのだ。日本の学生は、怒った。「このアンケートは偏見がある」と。それを機に抑えていた本音も飛び出した。「なんで韓国人はそんなに反日なの?」「足を踏まれて痛いと声をあげるのは当然じゃないか!」

考えの違いや受け止め方のくい違いで、言い争いになることは何度もあった。そういったいくつかの摩擦も経験して、いまがある。

一方で、毎回、初参加の人たちがいる。「KARA《カラ》」や「少女時代」が好きで韓国に興味を持ち、ワークショップのことを韓国語の先生から教えられて参加した日本の社会人は、まだ十分になじめない感じでだまって話を聞いていたが、こう感想を述べていた。

「ほんとうにいい関係をずっと続けていこうとするなら、大切な話をすることは避けて通れないし、けんかになる覚悟も必要かもしれないですね。男女の関係とも似てる(笑)。国と国にな

旧光顕寺・笹の墓標展示館の雪下ろしをする若者たち。ここは豪雪地帯だ

ると腫《は》れ物に触《さわ》るような関係しかできないだろうけど、人と人は違う。もっと深く交流することができると思う」

領土はどこのもの？

2012年のワークショップは、日韓が領土問題でぶつかる中で開かれた。

韓国の李明博《イミョンバク》大統領（当時）が、竹島（韓国名・独島《トクト》）に上陸した直後だったので、領土のことをどんなふうに思っているのか聞いてみた。

「竹島ですか？　政府は日本のものって言いますね。日本人ならそう言わなきゃ、っていう空気があるよね」「でもお互いに根拠があるって言い合ってるし、よくわからない」というのが多くの日本人の意見。

私自身も領土に関する本を何冊か読んでみたが、正直なところどちらの言い分が正しいのか判断しかねる。小さな島をめぐって関係を悪化させるほうがバカらしいと思う。

初回からワークショップに参加し、現在は京都の大学で教えている韓国人、宋基燦《ソンキチャン》さんは「東海《トンヘ》、日本海というそれぞれの呼び方をやめて、いっそ平和の海というような名前をつければいい。共同で海洋環境や生物の調査をすればいいのに」と提案するが、私もそのように、お互いプラスになる解決策に賛成する。

ワークショップでも、領土のとらえ方は少しずつ違うようだった。

「独島は韓国のものですよ」と明るい声で答えた韓国の女性もいた。「韓国には『独島ウリタン』っていう歌があります。子どもの頃から、ずっとウリタン（私たちの土地）だと思ってきましたね。だからといって争うのはよくないけれど」

その場にいた数人の韓国人も、うなずいている。

「（日本に）植民地にされて名前や言葉を奪われたことを、忘れてないんですよ。また奪われるんじゃないか、そしたらまた植民地になってしまうんじゃないか、って思っているんです」

と彼女は言う。これには、はっとした。韓国の若い世代ですら独島にそんなトラウマを持っていることを、たぶん日本人は知らない。植民地などいまの時代にありえないと思うかもしれないが、かつてそうされた側の傷は、した側の想像がおよばないほど深い。

日韓どちらの若者も、政府が領土問題で自国民をあおっていることには批判的だ。「そんなに（竹島・独島が）好きなら、政治家たちが行っていっしょに住めばいい」と、政治家たちのパフォーマンスを揶揄《やゆ》したり冷めた目で見ている。

国と国のぶつかり合いに挟《はさ》まれ、傷ついている人たちもいる。在日コリアンの男性は、マジで怒っていた。

「北朝鮮のことや領土のことで何かがあると脅《おびやか》されたり、危険な目にあうのは在日の子どもたち。相手が見えないことで恐怖を感じている子どもたちが、不憫《ふびん》でしょうがない。政治家たちはそのことをちゃんと考えてほしい」

ワークショップで他国民、他民族のことを知り、自らを顧《かえり》みる機会を与えられる。他者は自分を見る鏡だ。日本の若者は足を踏んだ相手の痛みを「自分が踏まれた側だったら」と考えざるをえないし、韓国の若者は、日本の過去を指摘するだけでなく自分たちの国がしてきたことにも目を向けている。

「戦争の反省をしないから、日本人は『心にウラオモテがある』とか『体が小さくてブサイク』とか友達ともよくそんなことを言ってバカにしていましたよ。それは、自分たちの国が植民地だった劣等感から来ていたのかもしれない。けれどもワークショップに参加するようになって、日本だって米軍に無差別に殺された人も大勢いるし、戦争を起こさせる国のシステムやそれを支えるナショナリズムに問題があると考えるようになった」

と話す韓国の若者。最近では、ベトナム戦争を検証する人たちも増えているという。

「ベトナム戦争では韓国も、民間虐殺を行っているんです。『ミアネヨ（ごめんなさい）・ベトナム』運動もあって、退役軍人の中にも加害を悔やんでいる人がいる。日本の兵士もそうだったと思うけど、韓国の兵士もベトナム戦争のＰＴＳＤ（外傷後ストレス障害）に苦しむ人がいまだにいます。兵士もある意味では被害者。国家の犯した罪と兵士個人の罪は同等ではない。分けて考えないと、責任のありかを正しく問えなくなると思う」

飲み明かそう、もっと話そう

昼間、発掘に汗を流す若者たちは、夜になるとめいめい酒を手に集まって明け方ちかくまで話をする。

いまやっている仕事や職場で感じたこと、家族や恋人のこと、最近社会や身の回りで気になっていることなど。ジェンダーやパワハラの話題が熱を帯びることもある。

「話そうよ」「話したいね」という言葉がここではよく聞かれる。自分自身をふりかえってもゆっくり思っていることを話す機会は、最近減ってしまったような気がする。忙しすぎるからか、メールやＬＩＮＥで済んでしまうからなのか。いや、それだけではない。楽しい話、ポジティブな話しかしたくない。面倒なことや心の負担になるようなことは考えたくない。そう思っている人が増えているのではないか。何度も参加している日本人女性は、

「このワークショップは、いろんな国の人たちがいっしょにやっているけど、自分の国を背負っているわけでなく、みんな個人として参加しているから居ごこちがいいんだと思う」

ここにいる人たちを、単純にどこの国の人で分けることはできない。ワークショップでも日韓

のことばを理解し、交流の中心になっている在日コリアンの人たちは朝鮮籍、韓国籍、日本国籍の人がいる（＊2）。日本の学校を卒業した人も、朝鮮学校の卒業生もいる。

東京の朝鮮大学に通う女子学生は、「ワークショップでは『韓国人にも日本人にも負けたくない』って気持ちがある。ちょっと違う環境で育っているから複雑なんです」と言う。「韓国人、日本人と接するときは相手に合わせてスイッチを入れ替えてしまう。でも最近は、言いたいことを言って自分らしくいることにしました。ここに来ると私たちより民族に詳しい人がいたり、変わった人もいるから（笑）、話を聞くのは面白くて、朝までつきあったりします」

おなじ日本に住んでいても、日本の若者と朝鮮学校に通う若者が交流する機会はそう多くはない。私も高校時代に在日コリアンのクラスメートがいたけれど、朝鮮学校の人たちと知り合ったのはこのワークショップが初めてだ。

海を越える交流がこの本のテーマにもなっているけれど、朝鮮籍の人が韓国へ自由に旅をすることは政治的な理由から、現在ではむずかしい状態だ。北朝鮮との間で拉致《らち》問題などを抱える日本の政府は、まったく関係のない朝鮮学校の子どもたちを無償化からはずしている。政治によって人びとの自由や平等に生きる権利が失われている。ワークショップの参加者たちはその理不尽さに絶えず直面する。今後、東アジアの平和を創っていくときに、複数の言葉や文化を理解する在日コリアンの人たちが大事な「要」になるであろうことに、日本の社会は気づくべきなのだが。

あっちこっちで話の輪ができ、夜更《ふ》けにラーメンを食べたいと言うと、マメな人が鍋を持ってきて作ってくれる。外へ出て歌い出す若者たちもいる。ここにいると、東アジアの関係がおかし

（＊2）在日コリアンの国籍・・・戦後、日本に居住することになった朝鮮人には、1947年外国人登録令が交付され、出身地を示す「朝鮮」と記載されるようになった。（朝鮮籍イコール北朝鮮出身者を意味しない）。48年の大韓民国成立後は「韓国籍」への書き換えもみとめられ、現在は朝鮮籍、韓国籍、日本国籍（戦後新たに取得等）の保有者がそれぞれいる。なお51年のサンフランシスコ平和条約で、旧植民地出身の人びとは日本国籍とともに日本人が受けるさまざまな権利を失った。

くなっているなど、これっぽっちも考えられない。

3日間の発掘が終わった。残りあと1日という頃になって、きれいに四角く、土の色が変わったところが表れた。死者を座らせて埋葬する座棺《ざかん》の跡だった。遺骨らしきかけらも周囲から見つかった。地元の人が証言した場所と50㎝も離れていないところから出てきたのだ。

いつもと同《おな》じように、韓国の遺骨鑑定のスペシャリスト、朴善周《パクソンジュ》さんと調査チームがあとを引き受け、参加者たちはアイヌの「イチャルパ」の祭礼で、火を焚《た》いて死者の魂を送った。明治32年、日本政府が定めた「北海道旧土人保護法」によって同化《どうか》政策がとられ、独自の言葉や文化を奪われたアイヌ民族の中には、戦争中に苛酷な労働現場から逃げてきた朝鮮人をかくまった人もいるということだ。

仏式、キリスト教式、韓国式のチェサも行われ、今回は、北海道のお寺で見つかり、最近ようやく身元と遺族がわかった山本一相《いっそう》氏（本名、呉一上《オイルサン》、昭和19年5月16日、昭和炭鉱で死亡）の遺骨にも、みんなで「故郷に帰れますように」と祈りをささげた。

今回初めて参加した、近現代史を学ぶ日本の大学生たちは、こんな感想を述べた。

「歴史の文献《ぶんけん》に残っているのは、資料が存在するものばかり。でも、それだけが史実じゃないことがよくわかった。今回、自分の目でひとつのできごとを確かめたことを、これからの研究で大事にしていきたいです」

ワークショップの生みの親、殿平善彦さんは言う。

北海道で働かされていた人の聞き取りをするため、韓国へ。右端が殿平善彦さん

「私たちが遺骨をさがすために集まったのではなく、遺骨が私たちを呼び集めたのではないでしょうか。それだけの力を、遺骨は持っているんです。意思を持った人の力です。立場や価値観の違う若い人たちが、遺骨が引き合わせてくれた他人と出会うことで自分の自己形成をして、その中で見つけたことを迷わず実践していってほしいと思う。生きている者には、死者に対する責任がある。責任を果たそうとする者へのご褒美＝それが和解であり平和なんでしょうね」

ナショナリズムが吹き荒れる中で

16年を経て、ワークショップの若者たちは、次なる課題に向き合っている。

遺骨を受け取るきょうだいなど遺族も高齢になって見つかりにくくなり、介護施設に入っていて受け取りができないケースもある。本来、責任を負うべき日本政府や企業にきちんと加害の事実をみとめて謝罪し、遺骨を人として丁重にお返ししてほしいと願う殿平さんたちの願いも、まだ叶《かな》えられていない。しかし、遺骨を故郷に返す試みは続いており、引き取る人がいる限り返し続けたいと殿平さんは言う。

また若者たちの間には、こうして発掘に集まり友情で結ばれていることを、これまで築き上げた何よりの宝ものだと誇《ほこ》りつつも「パラダイスに満足していていいのか」という声もある。東アジアの和解と平和を求める、国境を超えた市民の集まりをぜひとも構想したい。しかし一歩外に出れば、東アジアではどの国でもナショナリズムが吹き荒れている。日本国内ではヘイトスピーチが街の中でレイシズム（人種差別）をまき散らす。このような現実の中で、遺骨を発掘する自分たちに希望をつなぐ何かができるだろうか。

それぞれの意見があって、まとまらないかもしれない。重い課題だ。たとえそうであっても、時間をかけて育んできた国、民族を超えた友情からは、ここからまた何かが新しく始まり、広がっていくに違いない。

オホーツク海に面した地、浅茅野で行われた2006年夏の遺骨発掘

東アジア共同ワークショップ

http://eastasianworkshop.jimdo.com/

連絡先

一乗寺

〒074-0141 北海道深川市多度志630

TEL: 0164・27・2359

資料、書籍、映像など

『若者たちの東アジア宣言　朱鞠内に集う日・韓・在日・アイヌ』（殿平善彦著、かもがわ出版）／『遺骨　語りかける命の痕跡』（殿平善彦著、かもがわ出版）／『戦争への想像力　いのちを語りつぐ若者たち』（殿平真共著、新日本出版社）／ドキュメンタリー映画「笹の墓標」（影山あさ子・藤本幸久監督、森の映画社制作、2013）http://sasanobohyo.blogspot.jp/

朱鞠内強制連行についての展示

「旧光顕寺・笹の墓標展示館」

〒074-0400 北海道雨竜郡幌加内町朱鞠内

TEL: 0165・38・2019

被害者と加害者の心に橋をかけたい

「ブリッジ・フォー・ピース」

日本と東アジアの国々に、戦争世代と知らない世代に、人びとの心に、平和の橋をかけたい。「ブリッジ・フォー・ピース」は若者が中心となって自分たちの世代にできることを始めた。「ビデオメッセージ」「学校へ行こう！」など戦争をいっしょに考える、ユニークな方法を編み出し歴史を見つめる対話や交流を深めている。

フィリピンで戦争被害者から話を聞く

目と目が合ったら、ハグしよう！

「フリーハグ」という言葉を聞いたことがあるだろうか？ひとことで言うと、知らない者どうしが路上で〈ハグ〉＝〈抱き合って親愛の気持ちを伝え合うこと〉。最近ではインターネットで見かけることがある。日本でも２０１２年、１３年にフリーハグを、お隣の韓国に出かけてやってきた若者たちがいる。「ブリッジ・フォー・ピース」（以

ソウルの路上でフリーハグを呼びかけたBFPのメンバー。2013年7月、日韓関係が重苦しい中、韓国の若者たちとたくさんハグをした

下BFP）というグループだ。

まずスケッチブックの半分に日の丸を描き、韓国の若者に頼んでもう半分には韓国の国旗を描いてもらう。そこに「FREE HUG」と英語で書き込み、ソウルの広い歩道の真ん中で掲《かか》げて立った。

この頃は、領土のこと、「慰安婦《いあんふ》」問題などで政治的にも日韓の間は決して友好的ではなかった。日本でも、東京の新大久保や大阪の鶴橋の路上で聞くに堪えないヘイトスピーチが行われていた。

そんな中で、「ひとり一人の人間であることを、確かめてみたくて」果敢《かかん》にも異国の路上に立ったBFPの20代、30代の若者たち。おずおずと近寄り、遠慮がちにハグするときにもお互いが感じている肌の暖かさが伝わってくるようで、話を聞いているこっちまでドキドキとほっこりを味わった。

韓国の人たちは好意的だったようだ。それでもこの時期、日韓の若者たちにとって、路上でのフリーハグは、ちょっとした冒険だったに違いない。

メンバーに聞いてみると、やはり最初はものすごく緊張したし、どんな顔をして立てばいいかもわからなかったと言う。戦争を思い出してイヤな気持ちになる韓国の年配の方がいるかもしれない、と気になった。だからこそ、「やるからには、意味のあるものにしたい」と日韓の歴史をみんなで勉強して旅立った、と聞いて、もっと胸が熱くなった。単なる思いつきやファッションではなかったことがよくわかったから。

始まりは、フィリピンの戦争被害者との出会い

こんなにユニークないまどきの交流をしているＢＦＰとは、どんなグループなのだろうか。立ち上げたのは、神直子《じんなおこ》さんというひとりの女性だ。私は数年前に神さんにインタビューしたことがあるが、当時20代の清楚《せいそ》でかわいらしい印象の彼女が、たったひとりで何を始めようとしているのだろうと興味を持った。それ以降、ＢＦＰの活動を遠くから眺めてきた。

神さんがＢＦＰを立ち上げたきっかけになった、とある出来事《できごと》があった。２０００年、大学のゼミのフィールドワークでたずねたフィリピンでのこと。ひとりの高齢の女性が、初対面の神さんらに向かって、「日本人なんか見たくなかったのに。なんであんたはここに来たんだい？」と泣きながらなじったのだ。予想外の出来事に、神さんはびっくりしてしまった。

「わけがわからず、その場にうずくまってしまいました。どうして戦争を知らない私が、そんなことを言われるのだろう、と」

その女性は戦争のとき、やってきた日本軍に夫を殺されたという。戦後55年が経っていたのだが、まだ傷が癒《い》えないまま生きている人が少なからずいることを、神さんは初めて知った。

戦争で日本軍から被害を受けたというと、中国や韓国を思い浮かべることが多いが、東南アジアの島国、フィリピンでも知られていない悲劇がたくさんあったという。旧日本軍は１９４１年12月８日、真珠湾攻撃の数時間後にフィリピンのルソン島やミンダナオ島のアメリカ軍航空基地を空襲。翌年１月２日に首都マニラを占領。多くの島は日米両国がぶつかる戦場になった。

「二頭の象（アメリカと日本）がけんかをし、その間で蟻《あり》のように踏みつけられた」と、フィリピンの人びとは受けた苦痛を語る。日本兵の戦死者は約48万人、しかしフィリピン人はその2倍以上の約111万人が亡くなったとも言われている。

神さんは大学を卒業し、他の多くの学生たちとおなじように就職したが、フィリピンの女性の言葉は心にひっかかっていたと言う。あるとき、親しい僧侶から「戦争で人を殺したことを、悔いながら亡くなった元日本兵がいる」と聞かされ、フィリピンのおばあさんの姿と重なった。「もしかすると、あの女性とおなじように高齢になった元日本兵の中に、いまも戦争のことを忘れられず、語ることもできない人がいるのではないか」と考えるようになった。

フィリピンで従軍していた元日本兵をたどり、証言を聞く活動を始める。そして2004年、〝平和の橋をかける〟ために「ブリッジ・フォー・ピース」を設立。神さんに共感したメンバーといっしょに、これまでに150人以上の元日本兵から戦場での話を聞き、またフィリピンに通って戦争被害者や遺族にも会い、証言に耳を傾けた。そのときに撮った双方のビデオを、のちに「ビデオメッセージ」という形にまとめている。

元日本兵たちはビデオカメラに向かって、戦場であったことを語った。

「仲間がやられたら、ハラが立つ。隊長がこの村を焼き払ってしまえ、と命じる」

「教会で50代ぐらいの女の人を突けと命令され、銃剣《じゅうけん》で突き殺した。上官の命令は天皇の命令。

でも、いやなものですよ」

「女も子どももない、殺しました。だれがゲリラか住民かわからないから」

「戦場では冷ややかになる。無情だね。情がなくなる」

一方で、フィリピンでは被害者や親きょうだいを殺された人たちが口々に怒りや悲しみを吐《は》き出した。当時、子どもだった人もいた。

「村の男たちがずらっと並ばされ、銃剣《じゅうけん》で突き殺されて井戸に投げ込まれた。日本兵はその上からミシンやモーターを放り込んだんです」

「独身女性をつかまえて強姦《ごうかん》し、ことがすむと解放していた」

「怖くて、胸騒ぎがして、泣いていました」と話していた小柄な老女のからだは、当時を思い出したのか、小刻みにふるえていた。

「ビデオメッセージ」で加害者と被害者をつなぐ

しかし、神さんたちに恐ろしい過去を話した元日本兵も、戦争のないいまの時代には、家庭を愛する優しい老人たちだ。「フィリピンに仲間の慰霊《いれい》には行ったが、現地の人びとに謝罪していない。したいが、するすべもない」「もうあんなことは、二度とやってはいけない」と悔いている元日本兵もいた。彼らの余生も、決して穏やかではなかったのだ。

「そのことばを、フィリピンの被害者に伝えられないかと思ったんです。そしてお互いの苦しみが少しでもラクにならないか、と」

神さんたちは、双方の証言やメッセージをビデオ撮影した「ビデオメッセージ」を相手に届けることで、加害者と被害者の心をつなぐことができるかもしれない、と考えた。

最初にフィリピンへ行ったとき、なすすべもなくうずくまってしまった神さんは、もういない。何が彼女を変えたのだろうか。

「私自身は戦争を知らないし、当事者でもないから、直接の責任はないかもしれない。けれどもフィリピンツアーを引率されたゼミの教授から『見たこと、知ったことに対して何もしないのは、知的搾取《さくしゅ》になる』と言われたのが、忘れられないですね」

見聞した者として何をすべきか。神さんは高齢になった当事者の代わりに、孫世代の自分たちがメッセンジャーになることを思いついた。ＢＦＰの若いメンバーたちは、ビデオメッセージを手に、何度もフィリピンを訪れて現地の被害者や遺族に元兵士の証言ビデオを見せた。

日本兵はみんな非情な鬼であり、もう昔のことなんか忘れているに違いない、と思っていたフィリピンの人たちにとって、元兵士のことばは意外だったようだ。

父親が殺され、井戸に投げ込まれたという男性は
「ずっと忘れてはいないよ。日本を憎いと思う。けれども現実を見れば、私の生活は日本製品に囲まれている」

消せない恨《うら》みだろう。一方でいまの日本の繁栄からは多くのいいものも受け取っている。日々

父親が投げ込まれた井戸（虐殺現場）を案内する、アレックスさん（左から２人目）

の葛藤《かっとう》はいかばかりだったか。その男性は元日本兵が、忘れられないとつぶやく姿を見て、「憎しみが洗われた」と語った。許せるかどうかはわからないが、ようやく過去を受け入れ、前に進むことができそうだ、と。この男性＝アレックスさんはその後、BFPの活動のよき理解者となり、日本から若者たちがたずねていくと虐殺《ぎゃくさつ》現場などへ案内し、話を聞かせてくれるという。日本の若者に出会い、彼の人生も変わったのだろう。

フィリピンの人たちが、「私は赦《ゆる》したいと思います」と静かに話すのを聞いて、深いシワが刻まれた元日本兵の顔にもようやく救われた表情が浮かんでいた。「私たちができないことを、若い人たちがやってくれた」と、神さんは元日本兵の方から感謝されたそうだ。その後、数年のうちにひとり、またひとりと元日本兵は亡くなった。おそらく生涯背負ったままだった重荷を降ろし、二度と繰り返さないでほしいという願いを若い世代に引き継ぎ、安心して旅立たれたのではないだろうか。

いまでもＢＦＰのメンバーは元日本兵たちの聞き取りを続け、フィリピンの被害者や遺族のもとをたずねる旅も２０１３年までに11回、続けている。学生の参加者も多いので、フィリピンの大学との交流も取り入れているそうだ。

そして神さんは最近、タイや中国、韓国にも出かけて、若い世代との交流をすすめようとしている。

「きっかけはフィリピンだったのですが、いつかは日中、日韓の間にも橋をかけたいと思っていました。いちばん近い国との間で戦争のわだかまりが解けていないことが、ずっと気になっていたんです」

冒頭の韓国でのフリーハグも、若い世代どうしが相手に関心を持つ第一歩になれば、と始めたことだった。

答えや正しさを求めずに、感じたままを話そう

ＢＦＰは現在、ＮＰＯ法人を取得、会員になった人たちが活動を支えている。

プロジェクトに積極的にかかわりたい「がっつり参加」、ときどき関心のあることに参加してみたい「ゆるゆる参加」、カンパして支える「おさいふ参加」など、共感してくれる人ならだれ

でも自分に合った方法でかかわることができる。人と人を、ゆるやかにつないでよりよい未来につなげていきたいという神さんに共感した人たちが、自然に集まってきた。

メンバーは若者を中心に幅広い世代にわたっていて、職業も歴史の研究者、主婦、学生、ビジネスマン、フィリピン関連の取材で知り合った元日本兵など、さまざま。マスコミで紹介される記事やBFPのホームページをたどって活動を知り、ワークショップをのぞいてみたという人や、大学生の息子さんが生き生きと参加しているので関心を持った女性もいる。「たまたま旅行先で神さんたちに出会って」興味を示し、そのままメンバーになった人もいるようだ。中国人留学生や在日コリアンも参加している。

活動の中心になっているのは、地域、学校や職場、生涯学習のサークルなどいろいろな場所で行われるワークショップ。最初に「アイスブレイク」(自己紹介)、つづいてビデオメッセージの上映。みんなで観たあと、感じたままを語り合う。人数が多ければグループに分かれて討論することもある。

このビデオメッセージは、加害者と被害者をつなぐだけではなく、戦争を知らない世代にも真実を伝えることができる。じつは私自身もまだ、フィリピンへ行ったことがない。いつかはツアーに参加したいと思っているが、なかなかチャンスがない。それでもビデオメッセージを見ることで「旅」に同行して、戦争中にフィリピンでどんなことがあったのか、人びとが戦後、日本に対してどんな気持ちを抱き続けてきたのかを知ることができる。さらに、ワークショップの参加者たちと話し、他の人たちが持っている知識や経験までも共有できるのだ。〈シェア〉=〈分かち合う〉ことによって自分も周囲の人も一回り成長できることを、ＢＦＰのワークショップに参加するといつも実感する。

ワークショップにも、毎月行われる「ツキイチＢＦＰ」や、ビデオメッセージを小学校～大学での授業で公開し、戦争について考えてもらう「学校へ行こう！」プロジェクトなど、いまふうの、ゆる～い名前がついている。この感覚が若者たちに受ける理由だろう。企画を考える若者たちも、どうすれば同世代の友だちに食いついてもらえるのか、工夫をこらしている。従来の市民運動みたいなものはちょっと・・・という若者たちでも、これならばサークル感覚で参加できるのではないだろうか。

戦争についてのディスカッションでは、「だから戦争はいけない」が結論になってしまいがちだが、ＢＦＰではあえて「答えを求めない」ようにしている。学校でビデオメッセージを見せるときにも、事実だけを伝え、感想はあくまで受け取る側にゆだねる。観たあとで生徒・学生たちは被害者のフィリピン人、加害者の元日本兵、それぞれの立場だったら自分はどうするだろうかとグループで話し合う。

「ひどいことをする、と責めるのは簡単だけど、もし戦争に行かされたら自分も命令に背くのが怖くて、言われるまま人を殺してしまうと思う」

「でも、親きょうだいを殺されたら・・・一生許せないよね」

将来、教師をめざしているという大学生は、

「上官に逆らえないのは、やっぱり当時の教育にも問題があったのか」

と考えたという。

「正しい」「正しくない」だけで片づけたくはない。その立場に置かれた人たちの葛藤も含め、ありったけの想像力を働かせて考えてもなお、戦後世代が戦争を生きた人たちを理解することはできないだろう。しかし、せめてそういう努力をしなければ、おなじような過ちをまた繰り返すことにならないだろうか。

世代が違おうが、歴史や戦争の知識があろうがなかろうが、また少しぐらい考え方が違おうが、ワークショップではみんなが対等に、それぞれが自由に意見を話せる。初めて参加した人たちも「こんな場がほしかった」と言う。

ひとり一人を大切にするワークショップのありかたは、加害者の元日本兵やフィリピンの被害者とていねいに向き合い、取材が終わっても手紙のやりとりを欠かさないという神さんの人に向き合う姿勢そのものなのだろう。20代から90代まで幅広い世代が戦争のことや社会のことを気軽に語り合える場を作ってきたのも、BFPの大きな功績だと思う。

かつて大学生として教室で神さんたちのワークショップを受けた畑江奈つ希《はたえなつき》さんも、気がつくとBFPのメンバーになっていたという。

畑江さんもまた、戦争のこと、とくに日本の加害行為についてはまったくといっていいほど知らず、ビデオを観てショックを受けた。「自分とおなじような年齢でフィリピンの被害者と出会い、活動を始めた神さんの行動力に突き動かされました」。

ＢＦＰのフィリピンツアーにも2度参加した。

「初めてたずねたときは、虐殺の現場で『どうしてこんなことが起きたんだろう』と、目の前の現実をどうやって受けとめていいのか、とまどいました。別れ際に被害者遺族のアレックスさんが『もう過去のことだ』と言われたときに、戦争を知らない私は過去の事実を多くの人に伝えて、これからどうすればおなじことを繰り返さずに平和な社会を創っていけるかを考えるのが、私たちの世代の役目だと思うようになりました」

勉強して知識を増やし、みずから母校の後輩たちの前でワークショップをするまでになった。おしゃれでまつ毛にしっかりマスカラを盛った、見るからにいまどきの女子である。そんな頼もしい次世代が、ＢＦＰには次々と育っている。

神さんは２０１３年夏に韓国で開かれた国際会議にも日本のＮＰＯとして参加し、自分たちの活動や考えていることを話した。日本人といえば歴史を否定する人たち、と思っている韓国の人たちに、そうじゃない若者もいるよ、と伝えたのだ。

最終日に、神さんたちを感激させる出来事があった。国際会議の受付ボランティアをしていた学生が駆け寄ってきて、手紙を渡してくれたのだ。

「『こんな活動が続けば、過去と現在の間のブリッジになって、ピースに導く力になれると思いました』と書いてあったんです。私たちはウルウル（笑）。感じたのは、歴史認識の深い溝《みぞ》を超えるのは思っているほど難しいものではないかもしれない、ということ。人が作った溝は人が交流することでなくすことができる。そのための対話と交流を大事にしていきたい」

ソウルで行われた国際会議（2013 年 7 月）で、韓国人ボランティアスタッフと。右端が神直子さん

先日、待望の第一子が誕生したばかりの神さんはいま、自分の子どもらが生きる未来に目が向いていると言う。この子らに戦争をさせてはいけない。日本と東アジアにしっかりした橋をかけ、戦争の時代を生きてきた人と自分たちを、ゆくゆくは子どもたち世代をもつないでいきたいと考えている。

グローバル化といわれるこの時代、望むと望まざるとにかかわらず、これからアジアの国々とビジネスや文化で交流する機会は、もっともっと増えるはずだ。

いちばん大事なことに目をつぶらないで、一歩踏み込んで話そうよ。大丈夫、きっと心は通じる。実際にそうして、次々としなやかにブリッジ・フォー・ピースをかけていく若者たちを見ていると、淡い希望は確信へと変わってくる。

「学校へ行こう！」プロジェクト。教室でビデオを観たあとディスカッションする

ＮＰＯ法人 ブリッジ・フォー・ピース

http://bridgeforpeace.jp

連絡先

〒107-0062　東京都港区南青山5-17-2 表参道プラザ5F

TEL: 080・4439・5500

資料、書籍、映像など

『戦争の作られ方』（ＢＦＰ刊）／『私たちが戦後の責任を受けとめる30の視点』（神直子共著、合同出版）／『忘れないでほしい、私たちの「声」』（ＢＦＰ刊）

＊会員申し込み、講演・上映会の問い合わせは、ホームページからお願いします。近々行われるワークショップの情報も掲載。

隣人と友だちになる日が、きっと来る

東アジアで、戦後ずっと消すことができなかった燠火《おきび》がくすぶり続け、いままたナショナリズムという負の燃料を注がれて、猛《たけ》るように燃えている。

日本で侵略戦争を美化する人たちが増えていることや、他国との対立をあおって平和憲法を変えようとする政治、一部の無責任なメディアには怒りもこみあげるが、戦争をさせないかどうかは、今後いろんなことを選択していく私たちにかかっている。

本書に出てくる東アジアの若者たちは、偏狭《へんきょう》なナショナリズムにからめとられず、個人として国を超え、お互いを尊重し合う交流を続けている。そして戦争の「継承《けいしょう》世代」として、冷静に歴史を直視し、力を合わせてよりよい未来を創っていこうとする。ひとり一人は微力でも、何かを生み出す力を持っている。東アジアの和解を実現させる小さな「芽」のようなものを。若者たちのしなやかな外交力が海を越えて広がって、やがてEUのように、アジアでもパスポートを持たずに自由に旅ができる日が来ればいいなと願う。

「友人は選べるが、隣人は選べない」と言われるが、隣人である人びとと心のつながる友人になれたら、どれだけ私たちの社会も成熟して豊かになるだろうか。経済や文化を発展させ、これから起きる地球規模の問題も、知恵を出し合って解決できるだろう。

平和はどこに暮らす人にとっても、普遍的な願いであり希望であるはずだ。希望を東アジアから、私たちの手で創り出したい。

室田元美（むろた・もとみ）

1960年神戸市生まれ。関西学院大学社会学部卒業後、広告や雑誌のライター、FMラジオの構成作家を経て、現在ルポを執筆。2004年から戦争の時代を生きた人びとの取材を続けている。全国にいまも遺されている、アジア・太平洋戦争時の戦跡や強制連行などの現場を訪れてまとめた『ルポ　悼みの列島　あの日、日本のどこかで』（社会評論社）で第16回平和・協同ジャーナリスト基金賞奨励賞受賞。現在も「自然と人間」に連載「あの日、日本のどこかで」を続けている。共著に『戦争のつくりかた』（マガジンハウス）他。

子どもの未来社＊ブックレット No.003

いま、話したいこと
～東アジアの若者たちの歴史対話と交流～

発行日　2014年3月22日　初版第1刷印刷
　　　　2014年3月22日　初版第1刷発行
著者　室田元美
企画・編集　北川直実（オフィスＹ＆Ｋ）
ブックデザイン・DTP　m9design.inc
イラスト　冨宇加　淳
印刷・製本　シナノ印刷㈱
発行者　奥川　隆
発行所　子どもの未来社
〒102-0071 東京都千代田区富士見2-3-2 福山ビル202
TEL03（3511）7433　FAX03（3511）7434
振替　00150-1-553485
E-mail:co-mirai@f8.dion.ne.jp
http://www.ab.auone-net.jp/~co-mirai
ISBN978-4-86412-046-3 C0037